ハッピー力

親子の「ハッピー」を育てる

KOKIA

あさ出版

大人よ　打ち破れ自分の殻を
子どもよ　振り回せ大人たちを

はじめに

はじめまして。私は、働きながら子育てをしている、ママミュージシャンのKOKIA（コキア）です。息子はレオナルド、現在3歳3カ月です。

まずは、子育てをしているお父さん、お母さん、毎日本当にご苦労様。目に入れても痛くない、可愛い我が子ではありますが、子育てをする中で悩むこと、困ること、たくさんあるのではないでしょうか。

この本では、一生懸命、子育てをしているお父さん、お母さんに「これをしたら天才になる」というような、魔法の法則をお伝えすることはできませんが、言葉と音で人を幸せにする仕事をしている、シンガーソングライターの私ならではの、「音感（トーン）」に着目した育児方法や、生活の中にエンターテインメントを取り入れて、お子様との生活を楽しく、心と言葉をぐんぐんと豊かにしていく方法をお伝えしていきたいと思っています。

「我が子にはいつも笑顔で毎日を過ごしてほしい」。そのように願わない親御さんはいないと思います。

では具体的に何をしたらその願いを叶えられるのでしょうか。

それは、「幸せだと感じて生きていく力＝ハッピー力」をあげていくことだと私は思います。実は「ハッピー」と感じるにもスキルがいることに気づくだけで、私たちはどんどんハッピーになれます。

本書では私自身の子育てを通して、子どもだけでなく、育児に携わる大人も一緒にハッピー力を高めていける、そんな方法をお伝えできたらと思います。

私がこれまでの人生で出会ってきた、素敵だなとひかれた方たちには皆、共通点がありました。それは「言葉に力がある」ということです。

学歴は素晴らしいけれど、コミュニケーションがうまくとれない人や、お金はあるけど、友達のいない人。

どちらも極端な例ですが、そういう人にもたくさん会ってきました。ですが、人生の財産は、語り合える友であったり、心を支えてくれる歌であったり、導いてくれる言葉であったり、大切な想い出だったり……お金では買えないものや、学歴に関係のないものばかりです。

生まれてから3歳までの間に、ハッピーを生み出す力を高めるという視点で子どもと接していくことで、子どもはとても相手思いで、言葉が豊富で、そして朗らかな、優しい子に成長していきます。

また、変化に富んだ著しい成長を遂げるこの時期の子どもに接する機会は、さまざまな固定観念に縛られ、柔軟性に欠けてつまらなくなった私たち大人をもう一度リフレッシュさせてくれる貴重な時間です。

もちろん、それから先もハッピー力を高めることに手は抜けませんが、そんなハッピー力をベースに持つ子は、将来どのような分野に進んだとしても、彼、彼女自身が何事にも幸せを感じながら取り組んで、朗らかに生きていけると信じています。

それでは「これをしたら毎日がぐんぐん楽しくなる」と思って私自身がやっている、「子どもと行うチームハッピー化計画」をご紹介していきましょう。

それらのほとんどは、「どうしたらママも子どももお互いがハッピーで暮らせるか」という視点にもとづいていることばかりです。

日々の生活にちょっとした工夫を加えるだけで、どこのお家でも、特別なものを準備することなく、実践することができるはずです。

「これならうちでもできるかも?」や、「面白そうだからやってみよう」くらいのノリで、ママと子どもが一緒に笑える「ハッピー力の高いファミリー化計画」を、ぜひ実践してみてください。

自分だけでなく周りも幸せにしてしまう、ハッピー力、まずは、「ハッピーを見える化」することから始めてみましょう。

ＫＯＫＩＡ

モモクリ3年　子も3年
3歳までに育てたいこと

もくじ

はじめに 3

1 ハッピー力

「子ども」という樹を「ハッピー力」の上に育てる 19
ハッピー力って何？ 21
ハッピー力を育てる方法 24
その1 声がけ「ママ認証システム」★★★ 24
その2 安心できる場所づくり「ホッとスポット」 25
その3 「だいすき」の力。意味はあとからついてくる 27
その4 抱っこはハッピー力の「充電」 29
その5 あいさつはハッピーのドアを開く魔法の言葉 32

2 ファミリー力

チーム「ファミリー」という考え方 37
年齢の先入観を取り払おう 39

チームメンバーのポテンシャルを下げないで　41
子どもに頼みごとをいっぱいしましょう！　44

3 オノマトペ

オノマトペって何？　47
オノマトペでハッピーを見える化　50
オノマトペを使って教える　52
その1 チョンチョンで靴が揃えられるようになる！　52
その2 脱いだ靴下を洗濯機にポン！　53
その3 バギーになかなか乗らないときはクルリンパ！　54
その4 呼んでもなかなか来ないときにシュシュシュシュシュー　55
その5 ゴシゴシ、キュッキュ、ピッカピカ。お風呂でミッションを与える　55

4 腹話術戦法

「腹話術戦法」って何？ 59
腹話術戦法でここが変わる！ 61
腹話術戦法応用編～ぬいぐるみのバディ★★★ 64
バディ選びのポイント！ 67

5 形容詞

形容詞をプラスする工夫 71
形容詞は個性を示す言葉 72
形容詞は似たものチームで効率よく覚える 73

6 動物に学ぼう

動物に学ぶ 77
ママはお友達じゃない 77
動物のオノマトペはトーンが肝心 80

7 声のトーン
声のトーンに着目した育児 85
わめく子、わめかない子はママの対応が違う ★★★ 86
ダメトーンで話しては何も得られないと理解させる 88
「たすけて」トレーニング 89
「できない」は恥ずかしいことじゃない 93
8 成長の段階にあった対応
赤ちゃんは聞いている 97
言葉選びのセンスで子どもの理解が変わる 99
サインでお悩み解消 100
「OK?」確認 101

9 ママの小芝居劇場

多様なシチュエーションを作る工夫 107
典型的な小芝居 108
目線を下げた小芝居 109
「痛い」は多少大げさに 111
ぐずらない子は「番」を知っている ★★★ 113
ママは魔法使いの術 115

10 大人へのダメ出し！

「悪い子」という言葉を使っていないですか？ 119
引き換え条件でご機嫌とりをしてしまっていませんか？ 120
抱き上げるのは大人の実力行使 122
出かけ際、子どもを急かしてないですか？ 124
朝も急かしていませんか？ 〜卵からかえる雛〜 126
ごめんなさい。ありがとう。ママも言ってますか？ 128

11 子どもと暮らす部屋づくり

ダメ指数の低い部屋づくり 131
お家は小さな美術館 132
ウォールステッカー 134
コンセント可愛くしちゃっていませんか？ 136

12 イヤイヤ期なんてない

イヤイヤ期は、新たな成長のステージです 141
イヤイヤ期には「そうなんだね」が効果的 143
イヤイヤ期は大人がつくっていた 145
泣きをひきずらせない 147

13 親子で育つ

ママはどっしり構えて 151
ちょっとの法則 153
子どもと一緒に学ぶというステージ 156
親子で英語を学ぶ 157

14 歌はハッピー力をあげる

ハッピー力＝イマジネーション力 163
歌う、踊る、自分を楽しませる 164
ステージはそこらじゅうに 165
場面にテーマソングをつける ★★★ 167

15 コミュニケーション力をあげる

じゃんじゃんお出かけ 173
「ママの創作話」★★★ 174
道草デート 177
キャラクターよりリアルが先 180
おもちゃを選ぶ 182

16 ママへの提案

「いいね!」をいっぱいあげましょう 187
結果でなくプロセスをほめる 188
「ダメ」に制限を設ける 189
アングリーの見える化 191
仲直りは和解の印 195
優しいママと恐いママ 196

17 生活リズムのつくり方
スイッチと調光 201
夜の過ごし方 202
朝のスイッチを押していないですか? 204

18 楽しみセンサーを刺激しよう
秘密のサイン 209
合言葉フレーズ効果 ★★★ 210
角の神様 212
おもちゃはルーティーンで変える 215
あいさつに喜びを 216

19 できる子には理由がある

違った動作を必要とする環境づくり 221
グループ分けで学ぶ 222
アルバムは世界にたった一つの本 ★★★ 225

20 テンション

周波数 229
誰がリーダーかはっきりさせましょう 230

おわりに 233

★★★はハッピー力をあげるのに特にオススメの方法です。

1
ハッピー力

ハッピー力は、
コミュニケーション力、
そして幸せを感じる力

「子ども」という樹を「ハッピー力」の上に育てる

うちの子にはこんなふうに育ってほしい——我が子に対する親の願いはさまざまです。けれど、「幸せになってほしい」という願いは、どの家にも共通するものではないでしょうか。

もっとも「幸せ」の定義は人によって違います。「ハッピー」と言っても、皆それぞれ違うイメージを持つことでしょう。「幸せになってほしい」からこそ「頭のいい子になってほしい」「いい学校に入ってほしい」。このようについ学業にフォーカスしがちですが、子どもを樹にたとえるなら、私たち大人はこの小さな樹をどのように育てていくかを託された存在です。

そのような役目を授かった私たちが一番大切にしなくてはならないこと、それは、この樹が安心して立っていられる土、すなわち土台をつくってあげることだと思います。

塾に通わせたり、勉強をさせたり、とかく学業や点数で子どもを評価しがちな世の中ですが、高価な肥料をたくさん与えても、子どもが自分の土台である土に根を張りしっかりと立つことができなければ、せっかく茂った葉や枝も、そのうち枯れてしまうのではないでしょうか。

　どんな枝ぶりになるか、どんな実をつけるかということは、どんな職業につくか、どんな学校に入るかというようなもの。我々大人の興味は、そうした目に見えるわかりやすさにいきがちですが、常に幸せを感じていられる、安心感に満ちた状態でいられるといった、目に見えない土台の部分をどうつくるかの方が、まずは重要だと思うのです。


　この本では、子ども、大人を問わず、私たちが成長していくうえでの土台である「ハッピー力」という力と、その育て方をご紹介します。

　人生には何度か、このハッピー力を磨く機会が訪れるのですが、その最初の機会が、生まれてから3歳くらいまでの「ハッピー力形成期間」です。

　人は、人生という長い期間をかけて常にさまざまなことを学び、成長していきます。

このときどんな人生であっても、その人生を幸せだと感じながら進んでいくには幸せと感じるための多少のスキルが必要であること、それを親から子へ教えてあげられることをぜひ覚えていてほしいと思います。

ハッピー力って何？

それでは、この土の部分＝ハッピー力とはいったいなんでしょうか。

それは、「自分が幸せだと感じられる力」と「コミュニケーション力」だと私は思います。

こんなふうにお伝えすると不思議に思われるかもしれませんが、「幸せだなぁ」と感じるにも、スキルがあるように思います。この「幸せだなぁ」と感じる力や、「楽しいなぁ」「嬉しいなぁ」と感じる力を小さいころにたくさん教えてあげることで、小さなことを幸せだと感じられる力がついていきます。

また、どんな年齢でも、私たちが生きていくとき、必ず「自分以外の誰か」が存在します。そのため、周りをまきこんでいくコミュニケーション力がとても重要になります。とかく言葉の発達が十分でない子どもにとっては、人と積極的に交流していこうとする姿勢は周りと心地よく暮らしていくのに大事なポイントです。多くの言葉をしゃべれないからこそ、大人にとって意思の疎通が図りやすい子は、好印象を与えることができ、愛されキャラとして、結果、可愛がられやすくなるように思います。ちなみに、この「可愛がられやすさ」は、子どもだけでなく、大人になってからも私たちがよりよく生きていくうえで重要な点ではないでしょうか。

なんだか難しいことのように思われたかもしれませんが、実践してほしいことはどれもとても簡単です。

覚えておいていただきたいのは、「赤ちゃんにはこれは早いだろう」とか、「小さな子に、これはできないだろう」というように、年齢や見た目から、大人が子どもに先入観を持って接することは、時に子どもの成長の妨げになる恐れがあるということです。

子どもからの信頼を得るには、大人も子どもを信じてあげる。手助けしていると思っているだけで、実際には助けになっていないことがある。こうしたことを肝に銘じて、子どもの成長のプロセスでは、「じっと見守る」という、それこそ植物を育てるような、気が遠くなるほどの時間と忍耐を要する作業が不可欠である点を忘れないでください。

特に、0歳から3歳までの育児は、いつ芽が出てくるかわからない種に、毎日水をやり続けるようなもの。自分が成果を感じられることを急ぐがあまり、成果がなさそうと感じたらすぐにやめてしまうのではなく、これは親子でハッピー力をあげることにつながるんだという気持ちで、取り組んでみてください。

それでは早速、コミュニケーション力を高めながら、幸せを生み出す力をぐんぐんアップさせる秘訣をご紹介していきましょう。

ハッピー力を育てる方法

その1　声がけは「ママ認証システム」★★★

ハッピー力をぐんぐんと育てていくのに欠かせないのが、子どもが「安心感の中」にいるということです。

スキンシップから安心を感じるのはもちろんですが、まだ言葉を言葉と認識していない赤ちゃんにとっては、「声」そのものが安心感を得るための重要な要素です。

よく、動物の親子が、自分の群れやお母さんを認識するために、声を出し合っている映像を目にすることがありますが、人間の赤ちゃんもママの声を聞くだけで安心することがあります。

そう考えると、子どもに触れているときだけでなく、少し離れたところにいるときにも、そのように心がけて声をかけるようにすると、常に抱っこしていなくても、ママの声を聞くだけで、安心できるようになっていきます。

赤ちゃんのときというのは、まずは親に対する安心感、信頼を培っていかなくてはならない重要な時期です。常に抱っこしていないと不安になってしまったり、少し大きくなってもママが見えないだけで泣いてしまったりする子にならないためにも、「声がけ」を心がけてみましょう。

その2　安心できる場所づくり「ホッとスポット」

皆さんは、家に帰るとホッとしますよね。それは落ち着ける場所だからです。落ち着ける場所、すなわち「ホッとスポット」があるというのは、大人だけでなく、赤ちゃんにとても大事なことです。

自分で動けない赤ちゃんのころは揺りかごや専用の布団などが用意されていることが多いと思いますが、少し大きくなってからもこの、「ホッとスポット」があるかないかで、心の安定感が変わってきます。

自分の巣のように安心できる場所がある子どもは、疲れたり、悲しくなったりすると、「ホッとスポット」に自分で行って、自然に心のバランスをとって回復しようとする傾向があるように思います。

例えば、布団を敷いている家だと布団をあげてしまうこともあると思いますが、子どものお気に入りの枕とブランケットだけはいつも手の届く所に置いておく。その場所をいつも変えないなど、子どもが自分で安心できる環境づくりができるように、配慮してあげるといいでしょう。

自分で自分を回復させる方法を知っているということも、ハッピー力を上手に育てていく大切な方法の一つです。

小さな子どもがお気に入りのぬいぐるみやブランケットをぼろぼろになっても持ち歩いているのを見かけますが、3歳、4歳と大きくなり汚くなったからといって、大人が勝手に捨ててしまってはいけません。そうした行動は子どもへの配慮が足りないと言えます。もしもどんなに汚くなっても子どもが大事にしているのであれば、そこには理由があるはず。

我々大人にもあるでしょう。他人が見たら「新しくすればいいの……」と思われるような、古いもの。けれど、想い出や愛着があり、捨てられないもの。気持ちを落ち着かせる、安心させるコンフォーター（快適な道具）なしでも、心のバランスをとれるまでは、お気に入りのグッズに頼るというのは決して悪いことではありません。

その3 「だいすき」の力。意味はあとからついてくる

月齢によってよくかけてあげる言葉は変わっていきます。それでも一貫して伝えてあげてほしいのは、「だいすきよ」と「ありがとう」そして「あなたはママにとってとても大事な存在よ」ということ。

ここでのポイントは、子どもがまだその言葉の真意を理解できていないころから、言い続けてあげるということ。なぜなら、私たちが言葉の本当の意味を理解していくには時間がかかります。

はじめ、その言葉の意味はおぼろげでも、実際にその言葉を使うさまざまなシチュエーションに遭遇していくうちに、その言葉の本当の意味が理解できるようになっていきます。

言葉の意味を本当に理解するまでにかかる、その時間差のプロセスを逆手にとって

言い続けるのです。そうすることで、いつか、これまで言われてきた言葉が、「ママは自分のことを毎日好きだって言ってくれていたんだ」と、子ども自らがそのことを理解し、嬉しいと感じる日がくることが重要だと思うからです。

子どもは成長と共にさまざまな感情が芽生えていきますが、「だいすき」という言葉を言うことが恥ずかしいと感じる時期にさしかかってしまう前に、「おはよう」や「ありがとう」と同じように、日常的にこうした言葉を使っておくことが大切です。

そうすることで、自分の感情を素直に表現でき、ママに「だいすき」と教えてくれる、ハッピー力の高い子になってくれます。

もしもこれらの言葉を改まって言うのが唐突に感じて難しい場合は、夜寝る前に、おやすみのように「だいすき」と言ってあげてはどうでしょうか？

私は毎晩、「レオちゃん、今日もママ、レオちゃんのことがだいすきよ。ありがとう。おやすみー」「ママは幸せものだなあ！　おやすみ」と言って眠りにつくようにしています。唱えるだけでハッピー力があがるいい言葉を、たくさん家の中で言ってみるようにしてみてください。

その4　抱っこはハッピー力の「充電」

我が家では、抱っこを「充電」と呼んでいます。

赤ちゃんとの暮らしが始まってすぐに気づくのは、赤ちゃんはよく泣くということ。その理由はお腹がすいた、オムツを替えてほしい、眠いけど眠れないなどなど、さまざまなわけですが、とにかく泣くことで私たちに訴えているわけです。

私たち大人には泣いている理由がわからず、ただ泣いているように見えてしまうときもあるので、「赤ちゃんは泣くのが仕事だから、少し泣かせておいてもいい」という風潮もあるようですが、私はどうもそれは違うと思っています。

まだ息子が0歳の赤ちゃんだったころ、こんなことがありました。

いつものように泣き始めた息子を、私がすぐに抱き上げようとしたとき「抱き癖がつくから、すぐに抱き上げるのはやめた方がいいよ。ちょっとくらい泣かせておいたらいいじゃない」と言われ、キツネにつままれたような気分になりました。

なぜなら、私の中に、赤ちゃんが泣いているのに、手を伸ばさないという選択肢は、発想としてなかったからです。そして「抱き癖がつく」という言葉は、抱っこをするのが面倒に感じた大人がつくり出した言葉のように聞こえたからです。

そもそも「抱き癖がつく」と言いますが、抱っこをせがむこと自体、何かいけないことでしょうか？

また、それは、なぜいけないことのように語られているのでしょうか？　私からすれば、むしろ、抱っこを求めない赤ちゃんや幼児がいたら、少し心配になるかもしれません。

子どもはいつか巣立ってゆくもの。こちらから頼んだって、抱っこすらさせてくれなくなる日が必ずきます。

抱っこは確かに重労働で疲れます。そのせいで、まるで永遠にそのステージが続くのではないか？　と不安に感じることもあるかもしれませんが、育児のステージはどんどん変化していきます。ずっと抱っこをしなくちゃいけないなんてことは絶対にありません。

だから心配しないでください。

私がここでお伝えしたいのは、「抱き癖がつく」という風潮に流されず、抱っこは「ハッピー力の充電」と思って、抱っこをしてあげてほしいということです。

そしてママやパパにとっても充電なんだと思って、抱っこしてあげてほしいのです。

抱っこはエネルギーの交換です。そこから言葉なく感じあえることが実はたくさんあると思います。育児をしていると、正しいかどうかということよりも、「良いと信じてやる」という、パパやママの情熱や信念みたいなものが子どもへ伝わり、良い結果を導き出すことの方が多いような気がしています。

自分にしっくりくる理由づけができれば、ただ抱っこをするよりも苦にならないような気がするのですが、いかがでしょうか。

その5　あいさつはハッピーのドアを開く魔法の言葉

私たちの振る舞いは、周りの環境から大きく影響を受けています。

国民性や地域性というものも、そうしたことの要因だと思いますが、子どもにとっては、家族という単位が一番身近な「振る舞い」を学べる入り口になります。

フレンドリーな子と、そうでない子、子どもの個性はさまざまで、フレンドリーだからいいというわけでもありませんが、周りとコミュニケーションがとれることは、子どもにとっても幸せなことであるはずです。

会話のきっかけや人とのかかわりのはじまりは、ほとんどが「あいさつ」から始まります。「あいさつ」のできる子は会話の始め方を知っているといっても過言ではありません。

では、あいさつができる子になるためにはどうしたらいいでしょうか？

これはとても簡単です。

ママが率先的にあいさつをする様子を見せるだけです。

子どもにあいさつを強いるのに大人ができていない、ということはよくあります。

ただし、子どもに教えるときは、大げさにやる必要があります。

私は毎朝、保育園に子どもを連れていく道すがら、自転車ですれ違う知らない人たちみんなに、「おはよう！　おはようございます！　良い1日を！」と、まるでミュージカルのワンシーンのように恒例行事としてあいさつすることを続けています。

今では息子も一緒になって、工事現場でおじさんを見れば「頑張って！」と声をかけるようになりました。

そんなことは恥ずかしくてなかなかできない、というママは、大きな声でなくとも、子どもの耳元で「おはよう！　おはよう！」と、人とすれ違うたびに言うだけでも、効果的です。

それもちょっと恥ずかしいというママは、お子様の持っているぬいぐるみや人形すべてに、毎朝「おはよう」とあいさつをすることや、お家の窓の外に人が見えるようなところにお住まいの方は、窓越しに「行ってらっしゃーい！」と、声をかけてもいいでしょう。

まちなかで年齢が同じくらいの子どもがいる家族に出会うと会話が弾むというのは、小さなお子様をお持ちのファミリーのあるあるですが、ママやパパから「こんにちはー」と話しかける光景はよく見かけますが、子どもから「こんにちはー」と会話を始めることは、実はあまりありません。

「あいさつ」は人の心に入る入り口の扉のようなもの。

あいさつさえできれば、世界とのかかわりをどこまでも広げていくことができる。多くの人と気持ちの交換ができる。世界へ羽ばたいていく子どもにこうしたことを教えてあげるのは、ママの大きなミッションと言えるでしょう。

2
ファミリー力

合言葉はWe are Team Family!!
「家族」というチーム

チーム「ファミリー」という考え方

我が家には、ファミリーは「チーム」という考え方があります。

親だから、子だから、お兄ちゃんだから、妹だからといった役割を明確にする考え方ではなく、「チームだから」という考え方が、家族の暮らしの中心にはあり、それにそって皆、行動するようにしています。

チームワークという言葉がありますが、家族で過ごす日々の暮らしはまさにこれに尽きるといっていいでしょう。

「チームだから」と考えると、自然とみんなで助け合っていくようになるし、ファミリーという連帯感もとても強くなっていきます。

考えてみてください。「ママだからこれをしないといけない」よりも、「他のチームメンバーにはできないことだから、ママがしよう」の方が、自分の必要性を感じて頑張ろうと思うのではないでしょうか。

「ママはこれをしないと」と考えれば考えるほど、ストレスに感じてしまうお母さんは多いようですが、ママだからやらなくてはならないことなど本当はほとんどありません。ママだからできることや、ママがしてあげたいと思うことをすればいいのです。

それは子どもも一緒です。「お兄ちゃんだから我慢しなさい」と言われるよりも、「赤ちゃんが小さくてできないから、お兄ちゃん手伝ってくれる？　ママ助かるな」と言われる方がチーム「ファミリー」のために頑張ろう！　という気持ちが生まれます。

子どもが言うことをきかないという言葉をよく聞きますが、たぶんほとんどのケースでそれは、大人の伝え方に原因があるのではないでしょうか。

ほかにも、「小さいからまだできないでしょ」と、先入観で決めつけている状況を目にしますが、これは、「女の人だからできないでしょ」と言われるようなもので、そんなふうに言われたら、子どもでもとても複雑な気持ちになるはずです。

このような言い方は、子どもたちのチーム「ファミリー」への参加意識を下げてしまいかねない言い方だということに、大人は気がつかなくてはなりません。

子どもは日々の暮らしの中で、どう家族に貢献していけるかという重大な任務を自分なりに探りながら生きています。小さくても、言葉がおぼつかなくとも、その意識は我々と同じだと思っていいでしょう。

ですから、小さな子どもが何か見よう見まねで頑張ろうとしたときは、「小さいからまだ無理じゃない?」ではなく、「すごいね。やってくれるの?」と言いながら、そっと手を貸してみてはいかがでしょうか?

年齢や関係性による「肩書き」ではなく、チーム「ファミリー」に配属されたからには、みんなで助け合って、この「家族力」をあげていこうねという意識を家族全員で持つようにすると、ママだからこれをしなくちゃいけないというストレスから少し解放されるように思います。

年齢の先入観を取り払おう

私が子育てをしていて、周りからよくかけてもらった言葉は、「レオちゃんこんなに小さいのにお手伝いできるの!」とか、「小さいのにすごいね!」「2歳でこれできるの！」という言葉でした。

そんなふうに言ってもらうたびに、私が驚いたのは、周りの大人たちの子どもの年齢に対する先入観がとても大きなことでした。

1歳児はこれくらいのことしかできない。

0歳児ならこれくらいのことだけ。

2歳児ならこれくらいはできるだろう。

……というように、何歳の子どもはこれくらいのことができる、何歳ならこれはできないという先入観を、多くの大人が持って、子どもに接している事実は、思っていた以上に衝撃でした。

子どもの成長は、ママがどう子どもに接するかで、変わってくるように思います。

親がそうした先入観を持って接することは、親の反応に見合った成長を遂げる子どもにとって、時に、彼らの成長の可能性を狭めてしまっているようなものかもしれません。

1歳の子にはこれはできないだろうという先入観で接するママなら、お世話という名目で子どものことを先まわりして、あれやこれやしてあげていることだと思います。そうしたことは決して悪くはないのですが、「さまざまなことができるようになる」という視点で見たとき、あまり子どものためになっていないかもしれません。先まわりして何でもやってくれるママよりも、時間がかかっても、まずはなんでもやらせて見守っていてくれるママの方が、子どもはさまざまなことが早くできるようになるように思います。

ですから我が家では、0歳児でも1歳児でも2歳児でも、動けるようになってきたら、なんでも、どんな形でもどんどんやらせる、参加させるという目線で「先まわりして手を出さない」ことに努めてきました。

チームメンバーのポテンシャルを下げないで

「大人がやってあげる」という行為は、子どもの成長の手助けにはなりません。

それはいろいろなことが早くできるようになってほしいという親御さんの願いとは、

裏腹な行動になってしまっていることもあります。

その多くは大人として無意識に行動しているだけの場合もあるので、意識しないと、気づかないことの方が多いのかもしれません。例えば子どもが何かこぼしたとき、とっさにティッシュを取って拭いてあげるというアクションをやめ、「あーこぼしちゃったね。ティッシュ取っておいで」と、あえて子ども自身にこぼした後の「拭く」という行動に参加させてあげる。こうしたシチュエーションを意識的につくってあげることが、子どもの成長には大切だと思います。

生活の中で起こるほとんどのことを、大人がやってあげてしまえば、速やかかつスムーズにすむことの方が多いでしょう。けれどあえて、子どもに参加させるシチュエーションをつくることが大切です。

こうしたことは本当に時間と手間がかかります。

けれど考えてもみてください。

通らない道の風景を知ることなどできないのです。

同じようなケースは細かくあげていけばきりがないほどあるでしょう。

上着のジッパーをあげるとき、何かを拾うとき、何かを取るとき、何かを運ぶとき、ゴミを出すのも「一緒にやってくれる?」や、「ママを助けてくれる?」と、子どもに聞いて、時間がかかろうとも、さまざまな生活の動作に子どもを参加させてあげてください。

子どもと接するとき、子どもにやらせるよりも、自分がやってしまった方が早いという、大人の面倒臭さが先に立ってしまっては、元も子もありません。

家族はチームプレイ。子どもは植物と一緒。花を咲かせるまでにはまだまだ時間と手間がかかります。

小さいからこれができないという先入観で接することは、チームメンバーとしての子どものポテンシャルを下げてしまいかねません。

0歳から3歳までの子どもの成長、特に身体的な成長は著しいものがあります。

初めは思うように体が動かない、ついてこないように見えることが多いかもしれませんが、そんな子どもであってもママを助けたい! 私も何か役に立ちたい! というマインドだけは、いっちょうまえにあることを忘れないであげてください。

子どもに頼みごとをいっぱいしましょう！

本来は自分でできることをあえて子どもにどんどん頼んでみてください。

大人から見たらちゃんとできていないように見えても、「お手伝いをしたい」という子どもの気持ちを台無しにしないように、最後まで見守ってあげてください。

最終的に綺麗にできたか、ちゃんとできたかではなく、やろうとしたプロセスをほめてあげてください。

お手伝いだけではなく、ママから頼みごとをすることを小さなころに心がけて会話に組み込んでいくと、ママからのお願いを「面倒くさいこと」ではなく、「頼りにされている」という理解のもと、自ら積極的にやってくれるようになっていくのです。

3
オノマトペ

本音でしゃべるとき言葉は音に近くなる

オノマトペって何？

とにかくすごいオノマトペの威力。

オノマトペは日本語で擬声語などと呼ばれる「とんとん」とか、「ぴっちゃん」とか、「だらだら」など、様子や情景、見た目を音に置き換えて表す言葉のことを言います。動物の鳴き声、例えば「コケコッコー」や「ゲロゲロ」などもこれにあたります。

子どもと話すとき、自然にこのオノマトペを多用する大人も多いと思いますが、このオノマトペは大人が思っている以上の効果を発揮します。

オノマトペは反復する言葉で成り立っていることが多いので、赤ちゃんには真似しやすいだけでなく、オノマトペを使うことで、情景や動作をイメージしやすい効果もあるようです。

例えば、「たたく」という言葉の意味を知らなければ、「たたく」と言われるよりも、

「トントン」と言われた方が動作をイメージできますね。

こんな具合に、オノマトペなら簡単に動作や情景をイメージとして伝えられる利点があります。

また、子どもは歌ったり、踊ったり、音楽が大好きです。

オノマトペはイメージを音に置き換えたものなので、音感が普通の言葉に比べて面白いのも特徴です。ですから子どもには音楽のように聞こえるのかもしれません。

そうした楽しさが子どもがオノマトペに興味を持ちやすい要因なのでしょう。

言葉と、この世界のイメージをつなぐ役目を担っているオノマトペは、本当の意味で世界共通言語といっても過言ではありません。

オノマトペを赤ちゃんや子どもとの会話の中にたくさん用いていくだけで、オノマトペを使わないで説明しているときと比べると、驚くほど、こちらの伝えたいことの意図が伝わります。

そんな不思議なオノマトペは、思いつけば何でも、誰でもつくれる利点もあります。

音楽家である私にとっても、音に近い言葉＝オノマトペは音楽のような響きを持つ言葉と言えます。ですから、オノマトペで話すと、その本来の意味よりも音から伝わるイメージが印象として残ります。そうした、オノマトペ独特の「音感で伝わるからイメージが残る」ことが、子どもをひきつけ、理解を促す要因なのだと思います。

私たちが言葉が通じない外国の人に、乗り物の速さを説明しなくてはならないとします。

国によってオノマトペも違いますが、「ビューンビューン。新幹線速いですよ」と、「ゴトンゴトン電車ゆっくりですよ」と、説明の中に速さの描写をオノマトペで入れるだけで、言い方にもよりますが、どちらが速そうか、十分伝わりますよね。

実は子どもだけでなく、大人でもこんなふうにオノマトペを会話の中に多用することで、自分が伝えたいことのイメージを相手に伝えることができるのです。オノマトペは、大人にとってアートな言葉だと言えるでしょう。

オノマトペでハッピーを見える化

ハッピー＝幸せという気持ちは目で見ることは難しいですね。

特に子どもに幸せの概念を教えるのは簡単ではありません。

幸せのカテゴリーの中でも、「美味しいね」や、「気持ちいいね」は子どもと共有しやすい言葉だと思いますが、このときオノマトペで「ワクワク」という気持ちを、生活の中に取り入れていくことで、さまざまなシーンがぐっと楽しいものに変わることをご紹介したいと思います。

「ワクワク」という気持ちはプレゼントの箱を開けるとき、人に会うとき、どこかへ行くときなど、何かを楽しみにする期待感を表す言葉だと思いますが、このワクワク感を意識的に子どもに教えてあげることで、「待つ」という時間が「ワクワクしながら待つ」という楽しいものに変わり、さまざまなことを楽しみに待てる子に変わっていきます。

この「ワクワク」をどのようにして教えていくかですが、我が家では感情の「見える化」のために、オノマトペに動作をつけていくことを積極的にしています。

例えば、小包を開けるとき、買ってきたものを開けるときなどに、手をアヒルのように脇でバタバタさせて、「ワクワクしちゃうね。何が入っているかなぁ？」とちょっと期待感をあおったり、「ワクワクする？」と聞いてみたりします。

この「オノマトペの見える化」によって、「ワクワクする気持ち」はすぐに、子どもに定着していきます。

子どもにさまざまな感情があることを教えていくとき、このように、オノマトペに動作をつけて、「感情の見える化」をしていくことは、わかりやすいだけでなく、日常がぐんと楽しく、可愛らしいものになっていくので、ぜひ、やってみてください。

オノマトペを使って教える

その1　チョンチョンで靴が揃えられるようになる!

嘘のようですが、本当の話です。我が家では息子が2歳のときには自分で自分の靴を揃えていました。しかも、楽しそうに自分から進んで、です。現在3歳3カ月になりますが、今では習慣となっています。

では、どのようにして伝授したかというと、外から帰ってきたとき、玄関で私の靴を一足ずつ、丁寧に揃えてみせます。そのとき、「チョンチョン」と楽しげに靴を揃える動作に音をつけながらやってみせるのです。

すぐに真似をしてくれたらこっちのものですが、あまり食いついてきてくれないようなら、お子様の靴も「○○ちゃんのもチョンチョンしようねー」と言って、靴を揃えて見せます。その後、「チョンチョンしたねー、お靴揃えたねー」という、このパターンを、出かけ先から帰ってくるたびに、何度か繰り返します。そうしているうちに、ほんの数回もすると、お子様はたぶん自分から真似をしてやり始めるようになると思います。

マナーとかしつけとか、ある程度大きくなってしまうと自我が芽生えて、子どももも子どもなりの主張をし始めます。そうなると教えるのが難しくなってきそうなことは、大きくなる前に、楽しく教えてあげたいもの。知らないうちに習慣として身についてしまうので、お互いにとって、とても楽チンですね。

先にもお話したように「何歳だからこれはできない」「何歳ならこれくらいのことができればいい」という、大人の子どもに対する年齢への先入観や一般的な概念は、お子様の「できる力」にリミットを設けてしまいます。

大人がどう接するかで、子どもはいかようにも変わっていくことをぜひ覚えておいてほしいと思います。

その2　脱いだ靴下を洗濯機にポン！

2歳にもなれば体の自由がだいぶきくようになるので、いろいろなことをしてくれるようになります。

各ご家庭で成長にあわせて、このオノマトペで動作を伝えるということを、いろいろな動作に当てはめて、教えてみてあげてください。

我が家では、脱いだ靴下を洗濯機に入れるという動作を「洗濯機にポン！ やってきて」とお願いしています。子どもの背からすると少し高い洗濯機の穴めがけて、ボールを放り込むように靴下をポン。この動作が楽しくて、今では「これも洗濯機にポンしてきて」と別のものをお願いしても、トコトコと歩いて入れてきてくれます。

その3　バギーになかなか乗らないときはクルリンパ！

出かけ際、お出かけ先でお子様がバギーに乗りたがらずに困ったことはありませんか？

そんなときも「クルリンパできる？」と、バギーに登って座る一連の動作に音をつけて伝えるようにしてからは、自分で「クルリンパ」と言いながらバギーに乗ってくれるようになりました。

その4 呼んでもなかなか来ないときにシュシュシュシュー

「レオちゃんおいでー。きてー」と頼んでも、なかなか来てくれないときに、「レオちゃん、シュシュシュシューって機関車みたいに早くきてー」とか、「レオちゃん、ピーポーピーポーって救急車みたいに早くきて」と、同じお願いに動作音をつけると、「ピーポーピーポー」と言いながら、すぐにやってきてくれます。不思議ですね。おそらく、動作にイメージを持ちやすくなるから、その動作を楽しむことに気持ちがシフトチェンジして、うまくいくのだと思います。

同じように、「これ持っていって」とお願いするのと、「これ、ものすごいそーっと、そーっと、持っていける？」とお願いするのとでは、動作への参加意欲がまったく変わって、積極的にお願いを聞いてくれるようになるので、ぜひ試してみてください。

その5 ゴシゴシ、キュッキュ、ピッカピカ。お風呂でミッションを与える

「うちの子、お風呂が嫌いなの」という話をたまに聞きますが、そんなお風呂が嫌いな子には、大好きなおもちゃを綺麗に洗ってあげよう！　という任務を与えてみると

案外うまくいくことがあります。

「ゴシゴシ、キュッキュ。ピッカピカにしてあげよう！」と、洗って、綺麗にするという流れをイメージしやすいオノマトペをたくさん用いて、説明してあげてください。

「ママも洗って」と、お願いするのもいいでしょう。

子どもがおもちゃを洗ったり、ママのことを洗ってくれたら、「あー気持ちがいいなぁ。ありがとう」と言って、お風呂で綺麗になることがとても気持ちがいいことだと、わかりやすく伝えましょう。大好きな人が幸せになること、喜ぶことが好きなのが、子どもの本質です。

お手伝いも「ママが喜ぶから、またやりたい」と子どもが思えるようにちゃんと嬉しかったママの気持ちを伝えるようにしてあげると、どんどんハッピーサイクルが回り始めます。

4
腹話術戦法

ママがかけてほしい言葉を腹話術でしたらいい

「腹話術戦法」って何？

この本を書くにあたり、周りのママが何で困っているのかという話を聞く機会が増え、「うちの子はしゃべるのが遅くて心配」とか「語彙力がない」などといったことを心配されている親御さんが思っていた以上に多いことを知りました。

そんな皆さんにオススメしたいのが、腹話術戦法です。

私は、赤ちゃんが早くしゃべれるようになることが重要だとは思っていませんが、自分がいざ母親になって、何もしゃべらない赤ちゃんを目の前にしたとき、どうやって言葉を教えていったらいいのだろうと考えました。

そこで思いついたのが、腹話術戦法です。

子どもによって発語する時期はさまざまだと思いますが、赤ちゃんが単語を言えるようになるまでは、数カ月から1年という長い月日がかかります。その間、我々の会話を聞き続けているわけですが、話しかけるばかりでなく、受け答えを知ってもらう、効率的な聞かせ方があるはずと思ったわけです。

やり方はとても簡単で、文字通り、自分と赤ちゃんの両方の役をこなしながら、腹話術をするように会話をして、聞かせるという単純なものです。たくさんの言葉を赤ちゃんに話しかけるご両親はいても、こうした形で話しかけているママは少ないのではないでしょうか。

始める時期の目安は、息子をバギーに乗せて、外に散歩に出るようになったころから心がけて二役こなすようにしていたので、生後3カ月くらいからでしょうか。

もちろん、四六時中する必要はなく、お散歩にでかけるとき、二人っきりで部屋で過ごすときなど、赤ちゃんがママの声に集中できる時間にするといいでしょう。

コツはママの声と、赤ちゃんの部分の声の声色を変えることです。

パペットの代わりになるぬいぐるみがあった方がやりやすいという方は、これ！と決めたぬいぐるみを使って、ママとぬいぐるみの会話を聞かせるようにしてみましょう。

腹話術戦法でここが変わる！

当たり前ですが、話しかけられるばかりでは、どのように返事をしたらいいのか、赤ちゃんや子どもはわからないままです。「車」「猫」「犬」という単語を覚えるたびに言えるようになっていく。これは普通のことですが、名詞を言うばかりでは、会話には発展しません。けれど腹話術戦法を赤ちゃんに聞かせていると、わりと早い段階で会話らしいものに発展していきます。なぜかというと、物の名前を記憶していくのではなく、会話をキャッチボールのように流れとして捉えていくからです。

そして、名詞よりも形容詞、つまり自分の気持ちを表現する言葉を多く教えてあげられるため、それを真似して話し始める子どもの言い方は、自然に自分の気持ちを伝えてくれているような印象になっていき、ただ「犬」などというように、名詞を言われるよりも、ママの嬉しさも倍増します。

イメージしてみてください。
両手にパペットをはめ、小芝居をしてみます。

A「はな」
B「はなだね」
A「ケーキ」
B「そうだね」

こんなふうに素っ気なく、会話をする大人はたぶんいないでしょう。
同じお題で会話をするとしたら、きっとこんな具合に、形容詞が増えるのではないでしょうか？

A「わー、綺麗なお花ねー」
B「本当、綺麗ねー！　綺麗なお花どうぞ！」

A「わー、嬉しい。ありがとう」
A「美味しそうなケーキねー」
B「本当に美味しそう！　食べてみようかな。あー美味しい！　はい。半分どうぞ」
A「ありがとう」

このように子どもにどんなふうに受け答えをしてほしいか、イメージをしながら、その二役をこなし続けることで、長い沈黙の時期を経て、あるタイミングでその成果が一気に開花する日がやってきます。ぜひ、試してみてほしいと思います。

余談ですが、「ママ、かわいいね！」「本当⁉　レオちゃんもかわいいよ」という具合に、子どもに言ってほしいなという言葉をパペットで腹話術していると、本当に日常の会話の中で、自然に言ってくれるようになります。

皆さんはお子様に何て言ってほしいですか？　ぜひ、試してみてください。

腹話術戦法応用編〜ぬいぐるみのバディ★★★

小さな子が、自分のお友達として、よくお気に入りのクマや人形を持ち歩きます。こうした仲良しの人形のお友達目線で、お願いごとをすると、ママから直接お願いするよりもすんなりいうことを聞いてくれることがよくあります。

そうした特性を生かして、我が家ではぬいぐるみのお友達を使ってママの言葉を代弁することを積極的にしています。

「レオちゃん、ママにもよしよししてあげたら？　ママきっと喜ぶよ」

「レオちゃん。ママがご飯つくってくれたなんて、ラッキーだね」

など、ママから言ったらちょっとおかしいようなことを、ぬいぐるみのお友達を通して伝えるのです。そうすると、ワガママ放題の赤ちゃんのはずが、急に少しお兄ちゃんになる不思議。

これは、それまでのママと自分という1対1の関係の中に、ぬいぐるみというお友達が加わることで「いいところを見せよう！」という心理が小さいながらに働くからなのではと思うのですが、実はとても大事なことのように思っています。

出かける際に子どもがぬいぐるみのお友達を持っていこうとすると、「お家でお留守番していてもらおうね」と言う大人が多いと思うのですが、ぬいぐるみのバディ（相棒）とのお出かけは、子どもにさまざまな視点で物を考え、見ることを自然に教えてくれる、とても大切な時間になるときがあります。

ママと一緒にお出かけするということと、お友達と一緒にお出かけするという感覚は、登場人物の少ない世界で生きている子どもにとって、出かけた先で見るもの、体験することの捉え方を大きく変えてくれます。

ママとのお出かけでは、なんでも受け身だった赤ちゃんが、ぬいぐるみのお友達と一緒に出かけることによって、「あれは空よ。きれいでしょ」と、ちょっとお兄ちゃんぶっている様子はとても微笑ましいものです。

時に、ぬいぐるみのバディは大人が思っている以上に、子どもにとって心の支えになったり、冒険をシェアできる仲間になったり、面倒を見てあげるかけがえのない存在になったりと、一人で何役もこなす最高の友達になってくれます。

そしてこれはどんなに頑張ってもママが変われないポジションなので、ぜひ、皆さんのお家でもご用意されることをオススメします。

バディは時として、ママの言葉を代弁してくれるだけでなく、子どもにとって本音を打ち明ける相手となってくれることもあります。

大好きなママとぶつかってしまったとき、謝りたいのに、素直に謝れないとき「ママにごめんなさい。したらいいんじゃない？」とバディのサポート一つで、勇気が出せる！　なんていうこともあります。

私たち大人も何でも打ち明けられる、そんなパペットがいたら、もっと素直に生きていけそうですね。

バディ選びのポイント！

お子様が生まれると、可愛いぬいぐるみを買ったり、いただいたりして、お家にはぬいぐるみが増えていくと思います。小さなうちは仕方ありませんが、1歳を過ぎてだんだん自己主張が見えてきたら、どこかのタイミングで、このバディとなる特別なぬいぐるみを、お子様自身に選ばせることが重要です。

もしもプレゼントされたぬいぐるみを偶然にも気に入って大事にしているのなら、もちろんそれでもかまいませんが、できるだけ、「私が選んだお友達」という設定の方が、面倒をよく見るようになっていきます。

5
形容詞

かわいい　楽しい　気持ちいい
世界を幸せにしていく
形容詞の力

形容詞をプラスする工夫

オノマトペで、言葉を発する楽しさに触れ、腹話術戦法で会話という流れをつかむと、少しずつ単語が言えるようになっていきます。だいぶ単語が言えるようになってきた次のステップとして、これまでは言葉をシンプルに使って、単語をわかりやすく伝えるようにしてきた作戦から、子どもの知っている単語の前後に形容詞をプラスしていく工夫をしていきます。

そうすることで、ぐんと言葉の幅が広がって、センテンスが言えるようになっていきます。

例えば、ミルクをつくって渡すとき、これまでは「はい、ミルクどうぞ」と言っていたものを、「はい、美味しいミルクどうぞ」というように、形容詞を1つプラスして会話をするようにします。

「美味しい」という言葉がなんとなくわかってきた様子がしたら、今度は「はい、あったかい、美味しいミルクをどうぞ」という具合に、形容詞を2つプラスしてセンテンスを長くして会話をしていくのです。

形容詞は個性を示す言葉

形容詞は、自分の感想を述べる、気持ちを伝えるときには欠かせない、個性を示す言葉です。

オノマトペに加え、形容詞を意識して会話の中で使うようにしていると、子どもの語彙力、表現力の幅が出ていきます。

小さな子どもに言葉を教えるとき、カードなどで絵を見せて教えていくことが多いと思います。一通り物の名前を覚えてきたら、チームに分けてなるべくわかりやすく、その物を説明する形容詞をたくさん教えてあげてください。

大きなカバさん、大きなゾウさん、大きなお家はこっち。

小さなネコちゃん、小さなネズミさん、小さなどんぐりはこっち。

このように、子どもが覚えた言葉に共通する形容詞を見つけて教えてあげると覚えやすいでしょう。

ある程度言葉がしゃべれるようになった子どもは「僕は強いから象さん好き」とか、「僕はかわいいと思うから猫ちゃん好き」など、形容詞を知っていることで、好きなことへの理由づけを自分で述べられるようになっていきます。これはとても大事なことで、使える形容詞の幅が広い子は、さまざまなことを伝える楽しさを知っていきます。

形容詞は似たもののチームで効率よく覚える

赤ちゃんだけでなく、大人にも共通して言えることだと思いますが、物を覚えるとき、効率のいい覚え方やその人にあった覚え方というものがあるはずです。

やたらめったら話しかけるよりも、「似たもののチーム」で言葉をくくり、できる限りたくさんの例題を提示してあげると、その言葉の意味のイメージが持ちやすくなります。

私たち大人は「長い」という意味を知っています。

けれど「長い」という意味を知らない赤ちゃんに、「へびさん、長いね」と言ったら、「へびさん、かわいいね」と理解する可能性だってあります。

そんなとき、「長いひも」「長いへびさん」「キリンさんの首長いね」「ながーい新幹線だよ」というように、長いことが共通しているものをたくさん提示してあげることで、「長い」という言葉のイメージに早く到達できるように思います。

6
動物に学ぼう

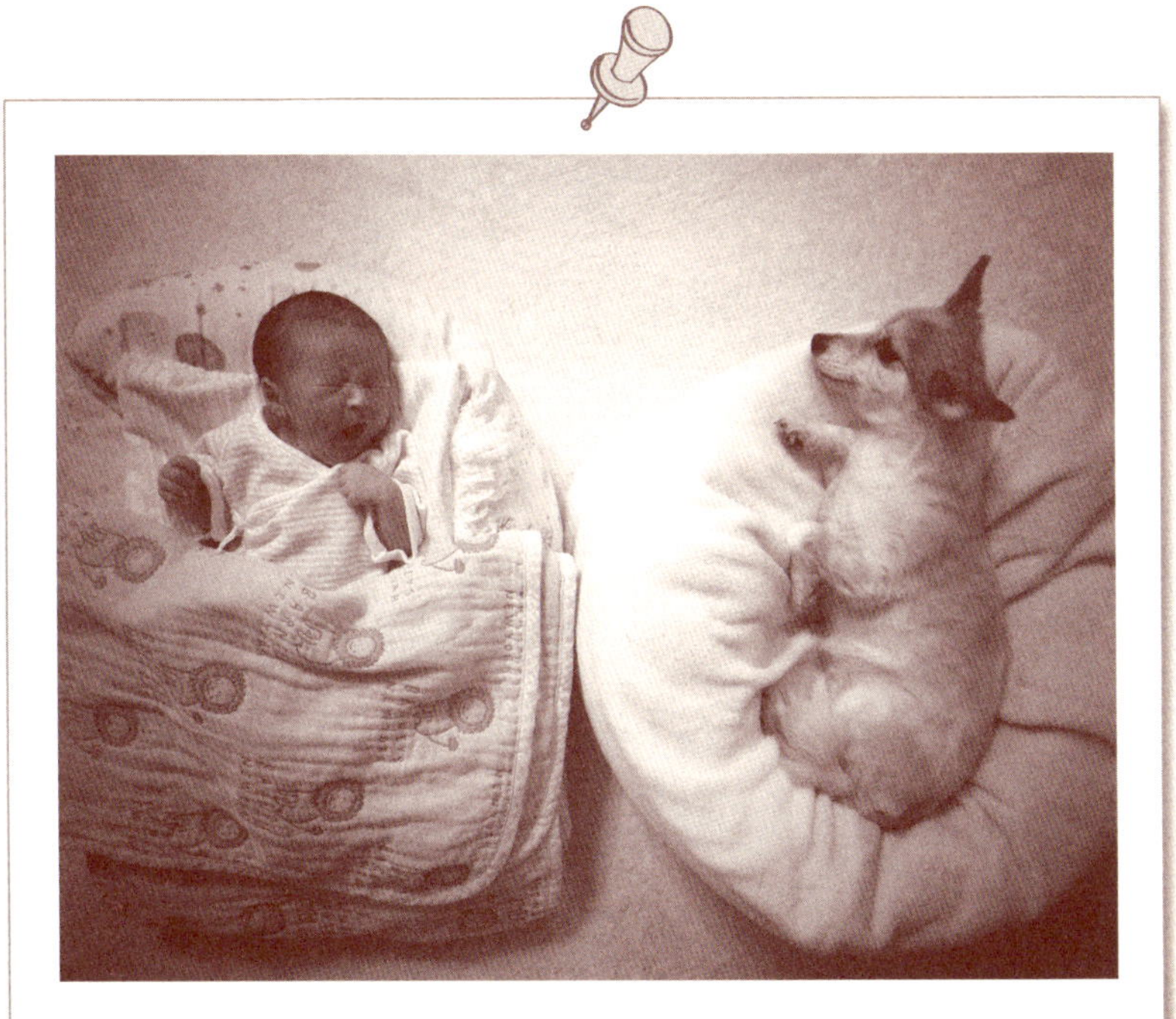

迷ったら動物に学ぼう

動物に学ぶ

育児のヒントを動物の子育てに求めると、悩んでいたことへの答えがとてもシンプルな形で見つかることがあります。

特に子どもとの関係を築いていくときに、どのように向き合ったらいいか迷ったら、さまざまな動物のお母さんを思い浮かべてみましょう。

動物たちの子育てはさまざまですが、シンプルかつ効率的で、見習うべきところや勉強になることばかりです。

ママはお友達じゃない

子どもがママを好きなのは、たくさん遊んでくれるから、ではありません。

このことに気づいていない大人がけっこう多いように思います。子どもはそもそもママが大好きです。ママの方からご機嫌とりのような行為を必死になってしなくても、子どもを気にかけてさえいれば、それで十分なんです。

動物のママは子どもたちに生きる術は教えても、一緒にただ遊ぶことはありません。

子どものことをきちんと気にかけて会話ができているママは、子どもの中にママを尊敬する気持ちがちゃんと芽生えていくため、多少忙しくしているママであっても、良い関係を築けているはずです。

いつも自分とたくさん遊んでくれる人に子どもは一見なつきますが、だからといって、その人のことを尊敬しているわけではないですよね。

もちろん、子どもとたくさん一緒に遊んであげるのに越したことはありませんが、重要なのは、子どもをちゃんと気にかけて、その子に必要なことを必要なタイミングで、伝えてあげられているかということです。

子どもは自分が「気にかけてもらっているか」にとても敏感です。

私は息子と楽しく会話することや、時間を過ごすことは得意ですが、実はおもちゃを使って一緒に遊んだりすることはあまりしない方かもしれません。

こうしたスタンスの背景にあるのは、「ママは楽しく、いろいろなことを一緒にできるけど、遊び相手ではないのよ」という考え方です。

この感覚を言葉で説明するのはとても難しいのですが、今のところ、息子と私の関係性を他の誰とも違う特別なものにしているのは、この部分だと強く感じています。

なぜなら、私が他の大人がするような子どものご機嫌とりをしなくても、息子は誰よりも私の話をちゃんと聞いてくれるからです。

ママは僕のことを想って言葉を発している。この理解が子どもながらに息子の中にあるのでしょう。

もちろん、すべてが遊びになり、遊びがすべて学びになる0歳、1歳のころは、誰よりもたくさん、なんでも一緒に遊ぶようにしてきました。しかし、少しずつ言葉が交わせるようになり、おもちゃで遊ぶようになってきた2歳ごろからは、おもちゃで一緒に遊ぶというような誰でもできる役の担当を、自ら買ってでることはしないようにしています。

あくまで、そういうスタンスで考えると、どう立ち回ったらいいか自分の中で整理がつくということなので、遊ばないということではありません。

ただ、「遊ぶ＝子どものご機嫌とり」のようになってしまっている場面を多く見ることがあるので、子どものご機嫌をとるために遊んでも、いくら遊んだところで、子どもが大人を尊敬してくれるようにはならないということに気づいてほしいと思います。

子どもが必要としているのは、なんでもやらせ放題させてくれる一見優しい親ではなく、自分のことを真剣に気にかけてくれている存在です。

動物でも人間でも同じ。「尊敬できるボス」の存在は、たとえ一緒に遊んでくれなくても、心強いものです。

動物のオノマトペはトーンが肝心

「ブーブー」「ニャンニャン」「ワンワン」「ゲロゲロ」。オノマトペには動物の鳴き声を表すものもたくさんあります。

不思議なことに、言葉を使わずに動物になりきって、「ワンワン」というセリフだけで会話をなりたたせようと、声色のトーンだけでしゃべっても、喜んでいるか、怒っているか、悲しんでいるかなどが、なんとなく伝わりますよね？

このように、私たちは知らず知らずのうちに、声のトーンから、相手が何を伝えようとしているか、感じ取るということを行っています。

そして、私たちはその言葉の本当の意味よりも、「言われ方」つまり、トーンから伝わる印象の方を重視する傾向があるように思うのです。

そこで、私が心がけて行っていることの一つに、声のトーンから状況を伝える、ということがあります。

叱るとき、怒るときには、ちゃんと怒ったトーンで怒るという、それだけのことなのですが、周りでよく見かけるのは、言っているセンテンスや言葉は怒っているのに、その言い方（トーン）に特徴がなく、子どもにいまひとつ伝わっていないように見えるという状況です。

もちろん、その伝え方に節度を持たなくては、ただ怖がらせるだけになりますが、危険を知らせるとき、危ないと教えるときに、優しい声で話して、果たして言葉のわからない相手に、それが危険なことだと、伝わるでしょうか？

周りに人がいると、人目を気にしてなかなか本気で怒れないママが多いように思いますが、優しいママが子どもにとっていちばんいいママとは限りません。

迷ったときは「動物に学べ！」。危険を知らせるときは、本気で知らせる。これは危険なことを子どもに早く理解させるうえでとても大事なことだと思います。

7
声のトーン

声色（トーン）は喜怒哀楽の色音階

声のトーンに着目した育児

知らない言語を聞いたとき、その人が怒っているのか、好意的なのか、なんとなくわかるということがあります。

前章でご紹介したように、それは、声のトーンから感情を感じるというメカニズムが私たちに備わっているからでしょう。

赤ちゃんや子どもはこのトーンから、言葉がどんな意味を持っているのか、ママが何と言っているのか、どんな気分なのか学んでいきます。

ですから、言葉の意味にあわせて、大人の方もトーンやニュアンスをつけていくことで、子どもは言葉や相手の気持ちをイメージすることができるようになっていきます。

この声のトーンに着目してさまざまな場面で活用していくことは、子どもとコミュニケーションをとりながらハッピーに暮らすためにとても効果的な方法です。

わめく子、わめかない子はママの対応が違う★★★

子どもがわめいたり、大きな声でわめくように主張するのは、ママやパパに話を聞いてほしいということがほとんどです。それ以外は思うようにできないというようなフラストレーションをためた場面であることが多いと思います。

　このわめくように話す行為をやめてもらうには、「ＯＫトーン」と「ダメトーン」を明確にして、このトーンのときはママはすぐにお話を聞くよ（ＯＫトーン）ということと、このトーンのときはどんなにわめいても、何にもお話聞かないよ（ダメトーン）と、シンプルなルールを決めて、教えることとです。

　ママに話を聞いてほしいことが最終目的である子どもは、こうしたシンプルなルールを理解すると、意外とすぐにわめかなくなります。

　と同時に、私たち大人も、何かしているときに話しかけられると「ちょっと待ってね」と言ってしまいがちですが、このルールを定めることで子どもからＯＫトーンで

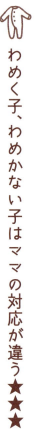

話しかけられたら、すぐに手を止めてちゃんと聞く耳を持つというように、子どもと向き合うことがうまくできるようになります。

日々の忙しさの中で「そんなの無理!」「そんなに簡単にいくかしら?」と思うかもしれませんが、自分がやってほしいことがあるたびに、ギャーギャーとさわいだり、わめいたりする子どもと過ごすことが、実は疲れや忙しさを倍増させているのかもしれません。

「わめかなかったら、ママはちゃんと聞いてくれる。わめいたら何も得られない」を早い段階で教えてあげることは、家の中を穏やかでハッピーな暮らしへと導いてくれる「ハッピーファミリー」には欠かせない有効なルールになるはずです。ぜひ、試してみてください。

このとき、一番やってはいけないことは、子どもがわめいてうるさいからと言って、話も聞かずに子どもの要求に応えてしまうことです。

例えば、「はいはい、アイスクリームね」とアイスを出したり、「はいはい、お菓子ね」とお菓子を差し出したりということをすれば、わめけばもらえるということを子どもに勘違いさせてしまうことになるので、気をつけましょう。

ダメトーンで話しては何も得られないと理解させる

ＯＫトーン、ダメトーンと関連して、家で仕事をすることが多い私は自宅に仕事部屋があります。リビングから離れた場所にあるその部屋で仕事をしているとき、息子は用事があると「ママ〜」と言って訪ねて来るのですが、普通に「ママー」と訪ねて来たときは必ず「なぁに？」と言って扉を開けるようにしています。しかし、「ママ〜〜〜〜」と泣いてやって来たとき、扉は泣いている人には開きません。こうしたことを徹底していました。

泣くという行為では何も得られない。そのことを教えるにはママは少し勇気を持って強くならなくてはなりません。

もちろん、これは、ある程度成長が伴ってきたしかるべき時期に始める訓練です。お子様の成長に合わせて、「そろそろなんでも泣くのは卒業しないとね」という感覚がママの中に芽生えたら、始めるようにしてみましょう。

「たすけて」トレーニング

少し簡単な言葉を発声できるようになってくる時期に、積極的に「たすけて」という言葉を教えていきましょう。なぜなら、「たすけて」と言えれば、わめいたり、泣いたりしないですむようになるからです。

子どもが痛い、怖いということ以外で泣くときは、ママの注意をひきたい、あるいは思うようにできない、ならないことが理由であるケースがほとんどではないでしょうか。

そんなとき、泣いたり、ぐずったりするかわりに、「たすけて」と言えれば、ママはもちろん、誰かが助けになってくれるということを教えると、何か困った場面に遭遇しても、すぐに泣いたり、ぐずったりすることがなくなります。

私たち大人が想像する以上に、子どもは助けを必要とする場面を多く抱えています。そんな子どもが、まだ話ができる段階にいなければ、困ったことがあると、「泣く」もしくは「わめく」という方法でしか、助けを呼ぶことができません。

そうした場面でお互いが困らないように、我が家では困ったシチュエーションで、すぐに「たすけて」を言えるよう、早くから「たすけて」トレーニングをしてきました。

「たすけて」が言えるようになると、子どもは必要以上に泣いたりわめいたりしなくても、助けを得られるようになるので、必然的に泣かなくなります。それは、ママにとっても周囲にとってもハッピーなことですね。

子どもが泣いたりわめいたりする回数が減ってハッピーになるだけでなく、「たすけて」をうちの子は言えるということを知っていると、ママが子どもをどのようにして手助けしていくかという、ママの立ち回り方も変わってきます。

「多少苦戦しているように見えても、たすけてを言わないのだから、頑張っているのだろう。少し放って見守ろう」。そんなふうにすぐに手を出すのではなく、成長を見守るということもできるようになりました。

それでは、どのように「たすけてトレーニング」をしたらいいかお伝えします。

つかまり立ちをし始めると、行動範囲も広がり、できることにも幅が出て、急に「たすけて」シチュエーションが増えてきます。

椅子やソファ、何かによじのぼって降りられなくなったとき、「レオちゃん、それたすけてーだよ」と言いながら、「たすけてー」と息子が言うべき言葉を連発しながら、手助けをします。

ママの口真似をしたいこの時期、そうしているうちに真似をするように「たすけてー、たすけてー」と言うようになっていきます。

そうしたことが定着してきたら、今度は助ける前に「たすけて？　なの？」と聞くようにして「たすけて」を言うようにうながすことを続けます。そうしているうちに、いつの間にか同じような困ったシチュエーションになると、「たすけて」を言えるようになるのです。

一度こうした本当に危ないシチュエーションで「たすけて」が言えるようになれば、次は何か困っているように見えたときに「ママ助ける？」と、手を出していいか息子にまず、聞くことにしていました。

そうすることで、息子は自分で頑張ってみるということをスキップすることなく、まずは自分でやってみる。それでも困ったときは、ママは助けてくれるという、小さなことですが、子どもの成長に必要な「まずは自分でやってみる」ということも学んでいきます。

多くの大人は言葉や声がけの前に、何も言わずに、手助けをしてしまうことが多く、そうしたことは助けているはずの子どもの成長の手助けにはなっていないことが多いように思います。

「たすけて」トレーニングで、早い段階に「たすけて」が言えるようになることは、ママ以外の他の大人とのコミュニケーション力にも大きく貢献します。

ママと子どもの暮らしを格段に過ごしやすくしてくれる「たすけて」トレーニング、皆さんもぜひ、試してみてください。

「できない」は恥ずかしいことじゃない

困ったときなどに泣くという表現しかできない子どもにとって、「たすけて」と同じように、自分で「できない」と言えることも大切です。抱えているフラストレーションを、わめくといった子ども独特の態度で示すことを減らしていってあげましょう。

保育園や幼稚園など、外の世界と接点を持つようになると、「できないことが恥ずかしい」という感覚が身についていってしまうようですが、そのようになる前に、ご家庭で、「できないときは『できない』『たすけて』と言った方が周りからの力を借りられてスムーズにいく」ということも教えてあげると、「ママ、僕できないからやって」とちゃんと頼めるようになっていきます。

このとき大切なのは、大人が先まわりをして、「できないでしょ。やってあげる」と絶対に言わない。手を出さないことです。

そうされると、子どもなりに傷つき、チャレンジをするという気持ちがなくなっていってしまいます。

まずは、子どもが自分でする。頑張ってみてもなかなかうまくいかないとき、「ママ、できないからやって」と言えば助けてもらえる、という流れを、子ども自身に経験させることです。

頑張ればできそうなことなら、「やって」と言われても、「じゃあ、一緒にやってみようか」と言ってみたりして、まずは子どもをトライする気持ちにさせることがとても大事です。

なお、何かできなかったとき「ほらできないよって言ったじゃない」というのも、子どもを傷つける言葉の一つです。

「できない」は決して恥ずかしいことではありません。

むしろできないのに、それをちゃんと言えないことの方が問題です。

「自分にはまだ何ができないのか」を知ることは、同時に「これならできる」という自信の形成にもつながります。一つずつ、「できる」を増やしていってあげましょう。

8
成長の段階にあった対応

赤ちゃんはじっと
ママやパパの成長を
見守っています

赤ちゃんは聞いている

寝返りもまだうてないような赤ちゃんは、大人の目からはまだ何もわかっていないように映ります。だから、大人はついつい、何もわかっていないという前提で動きがちです。けれど「赤ちゃんは、じっと聞いている」のです。そのような頭で行動をするように心がけると、赤ちゃんはまだおしゃべりができない、動けない間にもたくさんのことをママの言葉から学んでいけます。そのおかげで、我が家では赤ちゃんが長い沈黙の期間を経て、話すようになるころ、多くのことがスムーズに進んでいきました。子どもの成長には段階があるので、その段階にあった対応ができるかが、成長を助ける肝のように思います。

赤ちゃんと過ごすようになってすぐに直面するのは、ママがトイレに行くというようなことまでもが、いちいち大変な出来事になるということ。

ちょっとお風呂に入りたいというママの願いさえ、叶わないときもあります。

けれどこうしたことも、少し時間はかかりますが、意識的に適切な声がけをすることで、スムーズにできるようになってゆきます。

例えば、上を向いて寝ているだけの赤ちゃんに「ママちょっとトイレに行ってくるね。すぐに帰ってくるよ」と言うことはあまりないと思うのですが、私は赤ちゃんのそばを離れるとき、必ず理由や状況をいちいち伝えるようにしていました。

そして必ず、声がけをして離れた際には、何か追加の用をせず、すぐに戻ってくるようにしていました。

そうすることで、段々と赤ちゃんが成長していったとき、「ママトイレに行ってくるね」とママが言ったら、「あー、すぐに帰ってくるやつだな」という具合に、ママが側を離れただけで泣いてしまうということはあまりありませんでした。

赤ちゃんや子どもが泣くのには必ず理由があります。

その理由をあらゆる視点で探れるか、わかってあげられるか、というのがママの最大のミッションなのかもしれません。

言葉選びのセンスで子どもの理解が変わる

まったく言葉がわからない外国に行ったときのことを想像してみてください。赤ちゃんはそんな状態で生まれてきます。

その言葉の通じないところで、りんごを指さされ、「りんご」と教われば、何回か繰り返して教えてもらっているうちにそれが「りんご」と言うのだと理解して、言えるようになっていくでしょう。

ところが、その時々で、りんごを指差して「りんご」と言われたり、「果物」と言われたり、「美味しいもの」と違う表現で説明をされたら、きっとそれが何のことなのか、理解できるまでに少し時間がかかってしまうと思います。

既に言葉を理解している私たちにとってみれば、どれもわかって当たり前のさほど難しい単語ではありませんが、相手の目線になって伝えるという「言葉選びのセンス」は子どもの理解の速度を助けるうえで、とても大事です。

「りんご」「果物」「美味しいもの」どれをとっても、私たちにとったらそんなに難しくなくとも、伝えるタイミングや順番に配慮してあげることで、理解できる速度が変わってくることを覚えておきましょう。

サインでお悩み解消

少しずつ言葉を発するようになってくるころ、子どもに言葉を教え、言葉を真似させることそのものが、とても難しく感じるというママにたくさん会いました。

このような悩みは言葉を「見える化」することで、解消されます。

特に、「ごめんなさい」や、「いただきます」「ありがとう」など、生活の中でよく登場する言葉は、口に出す数が多ければ多いほど、体に自然と入っていくのですが、そもそも「言う」という行為をどのように教えたらいいか、苦戦しているママが多いようです。

ここでオススメしたいのが「言葉にして言う」という動作をサインで示す方法です。

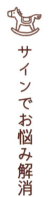

口の前に1本指を立てて、言葉が口から出るようなイメージで、前に押し出して、同時に「言ってごらん」と言葉にして伝えます。

これを我が家では、言ってほしいときにするサインと決めていました。

こうして言葉を見える化したサインを決めておくと、子どもにも言葉というものをイメージしやすくなり、サインをするだけで、そうしたことができるようになっていきます。

よく、言葉を覚え始めの小さな子に、大人が何度も「ほら、言ってごらん。言いなさい」と、どうにか言わせようとして苦戦している光景を見かけることがありますが、こうしたサインを決めておくと、そうしたやり取りを続けなくても、簡単に口にしてくれるようになると思います。オススメです。

「OK?」確認

口の前に1本指を立てる「言ってごらん」のサイン同様に、まだ子どもがうまく話せない時期、コミュニケーションをとるうえで役に立つのが、センテンスの最後に「オッケー?」をつけて話を終える方法です。

赤ちゃんは段々とママの言っていることを理解していくのですが、本当にわかっているのかな?　と返事がもらえない状況では、ママも不安になりますね。

ママは「私が話していることをちゃんと聞いているかな?」「理解しているかな?」「わかっているのかな?」と不安に思ってしまうこと、多いはずです。

そんな状況を解消してくれるのが、この「オッケー」という言葉を文の最後につける方法です。

よく、トランシーバーなどで話をする際に、「センテンスが終わりました」ということを相手に知らせる方法として、「ラジャー」や「コピー」という言葉をつけることがありますが、子どもに話をする際、「わかった?」と意識確認をしたい内容の終わりには、この「オッケー」をつけることをオススメします。

こうすることで、まずは、ママが言っていることはここまで、というセンテンスが終わるということの確認にもなりますし、繰り返しているうちに子どもも真似をして「オッケー」と言うようになっていくので、子どもにとっては、「わかった」ということを伝える言葉だという理解が進んでいきます。

「ここ触ったら危ないよ！　ダメだよ？　オッケー？」というママの話に対して、「わかった。触らない」とは答えられなくとも、「オッケー」と返事をしてくれるようになるので、意思確認がしやすくなっていきます。

「ママトイレ行ってくるね？　オッケー？」
「ママ食べてもいい？　オッケー？」
「ここ立っちゃダメよ。オッケー？」
「ここ痛いよ。オッケー？」

これらの問いに対して、「オッケー」というたった一言であっても、赤ちゃんから返事があれば、相手が自分の言っていることをわかっているのだと理解できるので、ママにとっては、大きな意味があります。

赤ちゃんがちゃんと話せるようになるまではけっこう長い時間がかかります。その長い時期にこうして少しでも意思の確認ができることは、ママにとってとても便利な方法です。ぜひ、やってみてください。

赤ちゃんは「聞く→真似る→発する」という段階をすべて通って、言葉をしゃべるようになります。そのことを念頭におき、その時期にあった対応をしてあげましょう。

9
ママの小芝居劇場

この状況を
思いっきり楽しめるママと
そうでないママがいる
それはきっとこの役を
どう演じきるかという
役作りが足りていない
ということ

多様なシチュエーションをつくる工夫

経験したことのないことへの対応は、大人はもちろん子どもにとっては特に難しいものです。ですが、それを経験することによって子どもは成長していきます。とは言え、普通に過ごしているだけでは日常はパターン化されがちです。そこで、ママはちょっと工夫をして、生活の中にわざと小芝居を入れるようにしていきましょう。

そうすることで、さまざまな状況に対応するための言葉や感情が学べ、色彩豊かな子に育っていきます。

有名なテレビ番組「はじめてのおつかい」もそうですが、「あ！　ママこれがない。お手伝いしてくれる？」というようなシチュエーションは、たとえそれがおつかいでなくとも、ママのピンチを救おう！　とする子どもの気持ちは子ども自身を大きく成長させてくれます。

典型的な小芝居

出かけ際に私がよくする小芝居が「あ！　ママ○○忘れちゃった」です。

玄関を出てすぐに、忘れ物を取りに帰る小芝居をときどきうつようにしていると、当時2歳半の息子は出かけ際に「ママ、鍵忘れないでね」「ママ、携帯持った？」と聞いてくるようになりました。

「レオちゃんありがとう！　しっかり者のレオちゃんがいて、ママ助かるわ」と言うと、ちょっと誇らしげに歩いてゆく2歳半。

こうしたシチュエーションを通して、子どもが頼もしくなっていくことはもちろんですが、「忘れ物」という、何もないシチュエーションでは触れにくい言葉にも触れていくことができるので、言葉の幅も広がっていきます。

目線を下げた小芝居

おやつやおもちゃ、子どもが独占しているものを、ママがあえて欲しがるというのは「ものを人とシェアできるようになる」という意味でとても有効的な小芝居です。「貸してあげる」「美味しいものをあげる」ことで、ママが喜ぶことを知っている子は「シェアする喜び」を知っているのと同じなので、お友達にも同じことができるようになっていきます。

ただし、こうしたことも家の中で、積極的にそのような場面をつくっていかなくては、できるようにはなりません。

おもちゃもお菓子も独り占めしたい！　というのは、子どもとして普通のことです。特に同年代の子どもがいない環境では、おもちゃやおやつは独り占めできて当たり前。そうすると保育園に入ったときや、親戚の子と遊ぶときなど、おもちゃもおやつも仲良くシェアできないで泣いてしまう、喧嘩してしまう子どもたちを見かけます。

こうした背景には、いつも一緒にいる大人からは、おやつもおもちゃもぜんぶ与えられているという事情があります。

そこで、ことあるごとに「ママもー」を盛り込んでいくことで、外の世界に出たときに、人とシェアすることが抵抗なくできる子どもになっていきます。

子どものおもちゃで遊ぶつもりはなくても、「ママにも貸してー」とおねだりをしてみせ、もしも貸してくれたらわかりやすく喜ぶのです。

ポイントは、「貸してあげたらママがすごく喜んだ」という良いイメージを子どもの中に残していくことです。

我が家の場合、子どもがおやつのブルーベリーやお豆を食べるときは必ず毎回、「ママにもちょうだい。シェアだから」と言って、「レオちゃんの番、ママの番、レオちゃんの番、ママの番」という具合に、一つずつ順番に食べるようにしていました。

こうすることで、物を独占するよりも、みんなで分けた方が楽しいというイメージに変わっていくので、積極的に自分の物を貸してくれたり、提供してくれたりする優しい子に育っていきます。

「痛い」は多少大げさに

多くの大人は子どもと遊んでいるとき、痛い目にあっても、「加減を知らない相手と遊んでいるのだから」と我慢をして、やり過ごすことが多いのではないでしょうか。けれど、大人は我慢できる痛みでも、子ども同士だったら、怪我をさせてしまうかもしれませんし、泣かせてしまうかもしれません。

お友達と遊ぶときの加減を教えていくには、大人にとっては痛くなくても、少し大げさに「それをされたら痛い」ということを、子どもに伝えていく必要があります。

そこで私は、遊んでいる最中に手が顔に当たるというような、よくあることが起きたときは、いつも少し大げさ目に「痛いよぉ。そ〜っとしてね」と芝居がかって伝えるようにしています。

小さな子どもであっても、こうして時間をかけて伝えていけば、それなりに加減をしながら接することができるようになっていきます。

子どもと犬の話を一緒にするのは、おかしく聞こえるかもしれませんが、私は過去にブリーダーをしていた経験から、これまでにたくさんの犬を育ててきました。

小さなうちに加減やマナーを教えてあげれば、犬にとっても飼い主にとっても、ハッピーな生活がその先ずっと続きます。けれど、可愛さゆえに、子犬の適切な時期にルールを教えてあげられず、やらせたい放題に甘やかしてしまった犬は、結果、体が大きくなってからでは、飼い主の手に負えなくなり、常に怒られてばかりになったり、檻に入れられて一緒に出かけることもできなくなったりと、アンハッピーに暮らさざるを得なくなった例をたくさん見てきました。

まったく同じとは言いませんが、子どもも似たようなもの。小さなうちから加減を知る訓練を通して、体が大きくなれば思いもよらないことで相手を傷つけてしまうことがある、という感覚を身につけておく必要があると思うんです。

ママとの日々の遊びの中で、手がぶつかったらとっさに、「ごめんね」と言えることや、そもそも、これ以上やったら危ないという感覚を知っている子は、お友達とも仲良く、楽しい時間を送ることができるのではないでしょうか。

ぐずらない子は「番」を知っている★★★

子どもが1歳~2歳の時期、我が家では、順番の「番」という概念を覚えさせたら、たちまち、スムーズでハッピーに過ごせるようになりました。

子どもはさまざまなことでぐずりがちですが、そのほとんどの場面で、この「番」という言葉が役に立ちました。

とは言え、この「番」という言葉を生活の中で教えるのはとても難しいことです。

そんなとき、おやつを1個ずつシェアして食べるという、先に紹介した方法がとても役に立ちます。

はじめはおやつをかわり番こに「ママの番ね、レオちゃんの番ね、ママの番ね、レオちゃんの番ね」と、毎回やっていると、すぐに「番」という概念を理解できるようになります。

すると、よく子どもがぐずってしまいがちな、

「テレビのチャンネルをかえる」

「ママの用事をすます」

というシチュエーションで困ることが段々なくなっていきます。

もちろん「ママの番」を理解できるようになれば、「お友達の番よ」「バーバの番よ」というように、それぞれの場面に応じて、「番」が回ってくるのをちゃんと待てるようにもなるので、ぐずる場面が格段に減ります。

「番」を覚えさせるときの大事なポイントは、ママの番の後にはちゃんと子どもの番がやってくるという、この繰り返しを守ることです。

時々、その場しのぎで適当なことを言ってしまう大人がいますね。

子どもだから忘れてしまうだろう、と。

ですが、そうしたことを続けると、子どもはママの言うことを聞いてくれなくなるので、要注意です。

大人も子どももお互いがハッピーに暮らしていけるよう、子どもだけでなく、ママやパパもちゃんとルールや言ったことは守りましょう。

ママは魔法使いの術

我が家では、子どもが小さいころ、大人にとって当たり前の「電気がつく」「自動ドアが開く」などということを、「ママが魔法でしている」という設定を演じてきました。これで子どもの頭がよくなるというようなことではありませんが、こんな小さなことでも子どもはとても喜びます。

そしてこうした小さなやりとりが、生活にハッピーを生み出していきます。

「エレベーターがもうすぐ来る」「信号がもうすぐ青になる」というようなときも、そのタイミングにあわせて「チーチューチャー！」と、適当な呪文の言葉をつけて、さもママの魔法で信号を青にしたかのようにして見せるのです。

少し大きくなった今では自分の魔法で信号を変えようと、楽しそうに信号待ちをする姿を見るのはとても微笑ましいものです。

また、エレベーターを待つというような、本当につかの間の時間でも、子どもはぐずってしまうものです。こんなときも、「ほらいくよ！　チーチューチャー！」と言って、一緒に楽しく、エレベーターを待つようにするだけで、ちょっとした時間がハッピーなものに変わります。

最近増えてきたエントランスなどによくついている人間の動きに反応してつく灯りは、子どもの背の高さではあまり反応しないことがほとんどです。それを逆手にとって、私が大きな手振りで「チーチューチャー」と電気をつけると、息子は「すごーい！もっとやって！」と言って喜びます。

本当にたいしたことではないのですが、何もないところにハッピーを生み出すってそういうことなんだと思います。どこにでもあるような日常の風景の中に、親子でハッピーを生み出すということは、ママの楽しい発想次第なのです。

子どもがぐずりがちな場面で、いかに子どもの興味を違うことにひきつけ、その状況に楽しくコミットさせていけるか。そのような視点で毎日を楽しみながら、たくさんの平凡な日常にママの魔法をかけていってみてください。

「どうぶつ」と「いきもの」の音楽会

トントントン新しい扉を開こう！

心を育てる 魔法のおと ton tön ton プロジェクト

● 2019年8月3日（土）

昼の部：赤ちゃんから大人まで未就学児参加可能コンサート

夜の部：6歳以上大人の方まで

● 場所：TOKYO FM ホール

コンサート同時期に
初の絵本も発売予定！

詳しい時間やチケット情報はKOKIAホームページをご覧下さい。
www.kokia.com

10
大人へのダメ出し！

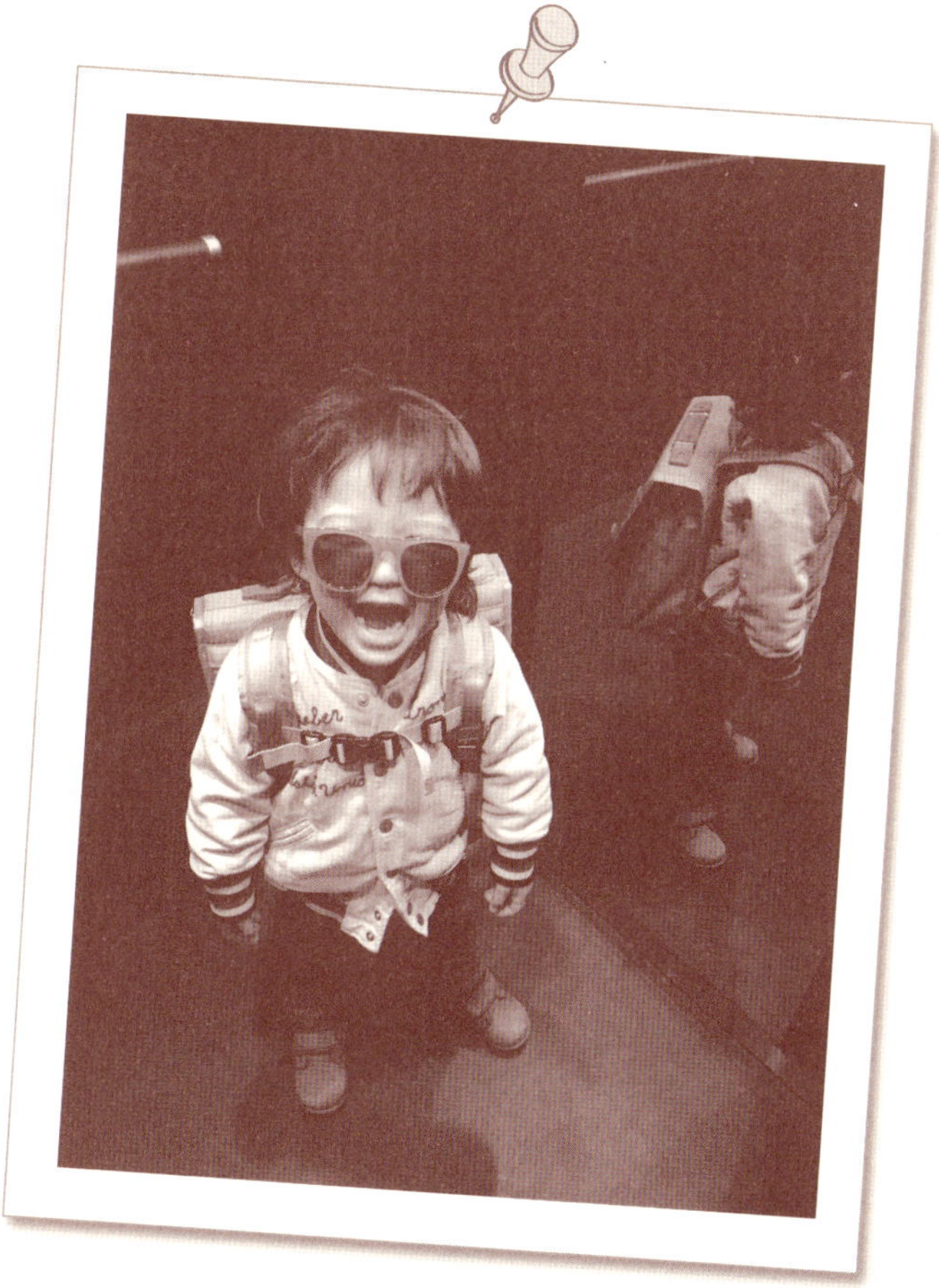

センスのない大人の言葉が
イノセントな子どもを
傷つけかねない

「悪い子」という言葉を使っていないですか？

何か子どもが悪いことをしてしまったとき、「悪い子」という表現で叱ってしまうこと、ありませんか？

よく聞く言葉のようですが、「悪い子、良い子」というこの表現は、知らず知らずに子どもの心を傷つけてしまうものかもしれません。

子どもが何かやってはいけないことをしてしまったり、失敗しても、それは悪いことをしてしまっただけであって、その子が「悪い子」なのではありません。

この場合、言うべきは「悪いことはしちゃダメよ」なのですが、大人は会話をするとき、さまざまな説明を省いて伝える傾向があり、これはとてもよくないことです。

私たち大人が生活の中で何か失敗をしたとき、その事実を怒られる前に「あの人はダメな人だからね」と自分自身への評価を述べられたとしたら、何だかとても傷つきませんか？

悪いことをしてしまうのは、さまざまな意味で勉強中ということであり、なぜダメなのかを根気強く伝えていくだけです。しかし、その過程では「悪い子なんだから」という表現は絶対に使わないでください。

私の持論ですが、「悪い子」という表現を使われていると、子どもは悪い子でもないのに、悪い子なんだと自分で思い悩むようになって、そうした考えがアンハッピーな子どもをつくっていくような気がしています。大人から勝手なレッテルをつけられるのは、とてもかわいそうなことです。くれぐれも気をつけましょう。

引き換え条件でご機嫌とりをしてしまっていませんか？

子どもが自分の言うことを聞かなかったとき、理解してもらうために話をするのではなく、

・お菓子で気をひく
・無理矢理抱っこをしてその場から離れる

・おもちゃを買ってあげると言う
・どこかに連れていってあげると言う
・良い子のお友達の話を比較対象としてする

といったことをしたことはありませんか？

中でも、お菓子やおもちゃで気をひく作戦をよく見かけますが、こうした引き換え条件でのご機嫌とりは、その場しのぎにすぎず、子どもの成長には何の役にも立っていないことを知っておくべきです。

子どもと話をする際、私が気をつけているのは、「ダメ」なことが、なぜ「ダメ」なのか、ちゃんと伝えるということ。丁寧に説明をして、それによって「誰が困る」や「どんな気持ちになる」ということを伝えると、子どもは案外協力的になってくれることが多いように思います。

私たち大人もそうですが、理由がわかっていることを我慢するのと、理由がわからないことを我慢するのとでは、気持ちの持っていきようや構え方がだいぶ変わりますよね？

抱き上げるのは大人の実力行使

ショッピングモールで買い物をしたとき、もう行かなくてはいけない時間になったので息子に

「ママ行かなくちゃいけないから、来てくれる？　お願い」

と言いました。しかし、息子は

「やだーまだいる」

と、だだをこねました。

「ううん。レオちゃんダメよ。ママたち行かなくちゃいけないから。ごめんね。おいで！」

と私が言ったそのときです。一緒に居あわせた友人が息子を

「ほらママが言ってるでしょ。おいで」

と抱き上げて連れてこようとしたのです。

その瞬間息子は大きな声をあげて
「やだー、僕見たかったー」

と泣きだしてしまいました。

知人にしてみたら、私を助けたつもりだったのですが、

「ダメだよー、抱きあげたら……」

と私は知人に対して文句を言いました。


こうした場面では、ママからのお願いと息子の主張の往復を最低でも2、3回は繰り返すのが当たり前。あと一押しで子どもの心に変化が訪れるのを待てず、このように実力行使する大人はとても多いように感じます。

ママに主張があるように、子どもにも主張があります。その主張に耳を傾けてあげることなく、抱き上げるというのは、大人特有の最終手段です。

我々大人からしたら、それがそんなにいけないことかと気づきもしない、ナチュラルな行為かもしれませんが、拘束して連れていかれるなんて、よっぽどのことがおき

ていない限り、あってはいけないことですよね。

同じようなシチュエーションで私と息子しかいない場合であれば、2回、3回と私がちゃんと説明をしてお願いすれば、仕方がないなというような感じで、息子は気持ちを切り替えて歩き出してくれることがほとんどです。小さな見かけに惑わされがちですが、意見が合わなければ無理やり連れていかれるなんて、大人では絶対にあり得ないことですよね？　そんなこと、子どもにもしてはいけないと思うのです。

出かけ際、子どもを急かしてないですか？

もう仕事に遅れる、もう待ち合わせに遅れる、もう保育園に遅れる、だから早くして！　と思わず子どもを急かしてしまう場面ってよくあると思います。

でも、それは、誰の都合でしょうか？

子どもにとってお出かけや1日のはじまりは楽しいものであってほしいですね。

けれど出かけ際にいつもガミガミ言われては、楽しいお出かけになりません。もしも遅れそうな時間に玄関にいて、こんな会話をしていたとしたら、それはママのオーガナイズミス。

靴を履く、ジャケットを着る、鍵を閉める、荷物を持つなど、基本的な生活の動作が詰まっている出かけ際は、靴を履けるようになる、ジャケットを着れるようになる、鍵を閉められるようになるなど、子どもの成長には欠かせない体験がギュッと詰まっています。

どんなに時間がかかったとしても、それはほんの数分のできごと。

ママが丁寧に出かけ際に付き合ってあげるように努力すると、その後がぐっと楽になります。靴を履く。ジャケットを着る。忘れ物のチェック。息子は2歳の終わりには、ママがお願いする前に「準備完了」と言って、玄関で待っていてくれるようになりました。

言葉と行動の両方を同時期に学んでいく1歳、2歳という幼児期、ママの話す言葉よりもママの話すトーンの方が彼らには印象として残ります。ですから、1日のプランを知らない子どもが、大人の事情で急かされたり、うながされたり、怒られたりということが続いてしまうと、不快なトーンで話される頻度が多くなるため、親との信頼関係や安心感を十分に築けなくなってしまう可能性があります。

子どもに強いトーンで主張されたくないですよね？　ならば、ママも強いトーンで主張してはいけません。

朝も急かしていませんか？～卵からかえる雛～

朝は1日のはじまり。気持ちの良い目覚め、楽しく1日を過ごせるイントロダクションづくりはママの大切な役割です。だから「早く起きなさい！」は絶対に言ってはいけない言葉。

時間の概念がわかってくるようになるのは、だいぶ大きくなってからです。

時間の概念のない相手に、ママが起きてほしいからといって、ママの都合で話しかけると、ママが理由なく怒っているようにしか映りません。

我が家では、赤ちゃんのころから心がけて、目が覚めてもすぐに起き上がらず、布団の上でゴロゴロと動物の親子がじゃれるように、スキンシップの時間をとるようにしてきました。

眠りと目覚めが何なのかまだ理解していない赤ちゃんにとって、目覚めは毎日卵からかえるようなものだと思います。

起きたとき、安心感を得られるよう、ママが必ず視界に入るところにいることはとても大切です。

朝起きて隣にいるはずのママがいないことが赤ちゃんにとってどんなに不安なことか、大人には想像できません。

成長の早い段階でこの不安を経験してしまうと、その体験から子どもは、寝つきが悪い、寝起きが悪い、眠りの質がよくないなど、さまざまな問題を引き起こしかねません。

子どもが寝ている間にいろいろ片づけたいというママは多いと思うのですが、ある程度子どもが大きくなって信頼関係がしっかりと結ばれるまでは、寝起きには必ず視界に入るところにいることを心がけてみてください。

ごめんなさい。ありがとう。ママも言ってますか？

子どもに「ごめんなさい」「ありがとう」を必要な場面でちゃんと言える子になってほしい。そう思わないママ、パパはいないでしょう。

ちょっとした場面で「ありがとう」と「ごめんなさい」が登場する数だけ、ハッピー力はあがっていきます。小さなことでも「ごめんね」と言えること、小さなことにも「ありがとう」と言えることは、相手をどれだけ思いやれているかのバロメーターです。

子どもに「ごめんなさいは？」と言うのに、同じことをしても、ママは子どもに謝らないようではいけません。相手が子どもであっても、ちゃんと「ごめんね」と「ありがとう」を伝えられるママでいましょう。

11
子どもと暮らす部屋づくり

ママのセンスが光る場所

ダメ指数の低い部屋づくり

赤ちゃんと自分がハッピーに暮らせる住環境、お部屋の中の話をしましょう。

子どもが生まれると家の中で過ごす時間が圧倒的に長くなります。

長い間過ごす部屋の環境が、赤ちゃんにとっても、ママにとってもいいものである必要があるのは言うまでもないことでしょう。

まず大前提としてあるのは、危険が少ない部屋であること。安全であることです。

これは単に、安全だからハッピーということだけでなく、ママが赤ちゃんに「ダメ」と言わなければならない回数を減らせることは、ママにとっても赤ちゃんにとってもハッピーでいられる重要なポイントです。

私はこれを「ダメ指数の高い部屋」「ダメ指数の低い部屋」と呼んでいますが、ママが赤ちゃんに「ダメ」と言うおおよそのシチュエーションは「危ないから」というのが理由だからではないでしょうか？

であれば、赤ちゃんを迎える準備として、お部屋の中をできるかぎりダメ指数の低い部屋に変える工夫をしてみましょう。

割れるもの、倒れるもの、引っかかるもの、絡まるもの、口に入ってしまうもの。

ぜんぶさようなら。

そんな目線でしまっていくと、すっきりとした物が少ない部屋のできあがりです。

言葉のわからない赤ちゃんにとって、あれもこれも「ダメ」と言われ続けることはとてもストレスです。そんな部屋環境で過ごしていたら、大げさに言えば、彼らの発育に重要な好奇心の成長をも妨げかねません。

「ダメ指数の低い」綺麗で整ったシンプルな部屋づくりは、ママと赤ちゃんがハッピーに暮らすための初めの一歩です。

お家は小さな美術館

さて、安全な部屋環境づくりに加えて、できれば一味付け足してほしいことがあります。それは、ママらしさです。子どもが生まれると、急に家中どこもかしこもキャラクターだらけになったり、大人からすると少し落ち着かない原色の雰囲気の物ばかりに囲まれたりするお家が多いように感じます。

それでまったくかまわないという方はそれでいいと思うのですが、本当はもっとシックな部屋が好きとか、少し落ち着かないなどと思っているとするなら、ママが我慢をする必要はないと思います。

センスの感じられる部屋づくりは、子どもがいても必ずできます。

諦めず、工夫をしながら、生活の中にアートや癒しを感じられるスポットや空間をつくるように心がけていきましょう。

ママのこだわりが溢れるお家の中は、子どもにとっては、初めての美術館。

壁に飾られた家族写真、旅行先で買った絵葉書、置き物、花……ダメ指数の低い部屋づくりのルールの範囲内でも、十分にママのセンスを活かせることを忘れず、またそうしたママのこだわりが子どものセンスを磨いていくことも忘れないでほしいです。

そしてママも落ち着けるお部屋は、ママのモチベーションアップにもつながるので、親子でハッピーに導いてくれることは間違いありません。

大人になって、あまり昔のことを覚えていなくても、子どものころに実家に飾られていた絵や置き物などを妙に覚えていることってありませんか？

そのようにして、知らずしらずのうちに、私たちはさまざまなところから思いがけず、センスを磨いて育っているのだと思います。

ウォールステッカー

お子様の成長とともに季節を感じる暮らしは、ママにとっても、子どもにとってもいいことばかり。

特にオススメしたいのが、ウォールステッカーです。

お家の壁を簡単に、四季折々に彩れるうえ、場所もとらず、安全です。

ハロウィン、クリスマス、お正月、桜の春、鯉のぼりの時期、七夕さま、夏の花火に秋のお月見……四季を感じられる行事はたくさんあるけれど、お家の中にそれらを取り入れるのは大変です。

「クリスマスツリー、もし倒れてきたら大変。でも飾りたい」

「鯉のぼり、マンションだから飾れない。でも飾りたい」

「七夕の笹。邪魔になるけど、飾れたら楽しいですね」

そんなときはウォールステッカーをお家の壁に貼って、シーズンごとに張り替えてみてください。

ネットなどで探してみると、驚くほど年間の行事を網羅したさまざまなステッカーが売られているので、これがないなぁと困ったこともありません。

小さな子どもがいると、家の中に何かを飾るのも気をつかいますよね。

けれど、ウォールステッカーなら倒れてくることはないので、安心です。

安全で場所をとらないということに加えて、時間の概念や季節の概念を知らない子どもに、部屋の中にいながらにして、季節や行事の話を共有してあげることができ、一石二鳥の教材にもなります。

私が通っていた小学校では毎月、画用紙でつくった季節を表す風景で壁を飾ることをしていました。梅雨時期のアジサイ、夏の花火。秋の紅葉、雪景色の冬。ビジュアルから入ってくるイメージは言葉や文字から伝えられるイメージよりもそのままのイメージで残るので、今でも四季折々に飾られたデコレーションを思い出すことがあります。

子どもにとって、目から見た情報のインパクトやイメージは記憶に残りやすく、自然に目から入ってきたことを学んでいけるのだと思います。

ぜひ、皆さんもお家の壁を年間行事にあわせてウォールステッカーでデコレーションしてみてはいかがでしょうか？　簡単にはがせて便利なのも嬉しいですね。

コンセント可愛くしちゃっていませんか？

よく巷で見かける、可愛いキャラクターや、おしゃれなコンセントカバー。

赤ちゃんが指を突っ込まないようにするガードのはずなのに、そこを可愛く強調してどうする‼　と私は思います。

赤ちゃんは何にでも興味を示します。特に顔がついているものや凹凸があるものなど、形や色がつけばつくほど、そこに興味がいくわけですが、触られたくないという意図でガードしなくてはならないコンセントに可愛いコンセントカバーをつけるなんて、「触ってみてね。引っ張ってみてね」とお願いをしているようなもの。

そんな可愛いものをママがつけたにもかかわらず、触るたびに「触っちゃダメ！」は、矛盾しているとしかいいようがありません。

赤ちゃんの気をひきたいときに使うような柄、キャラクター、物はコンセントカバーだけでなく、危ないところを隠すような場合には一切使わないことをオススメします。

12
イヤイヤ期なんてない

聴くということは
受け入れるということ
ママが耳を傾ければ
子どもも話を聞きます

イヤイヤ期は、新たな成長のステージです

年齢の先入観は持たないようにして子どもと接することをオススメしていますが、同じように、「イヤイヤ期だから」という言葉で、子どもの態度や主張をひとくくりにしてしまうのは、本当によくないことだと思います。

実際、現在3歳3カ月の息子に、イヤイヤ期は来なかったと感じています。

驚くのは、こうした言葉をプロのシッターさんや、多くのママが本当によく使っているということ。それって自分が生み出している結果を、「イヤイヤ期だから」という言葉で都合よくすませて、子どもの成長とちゃんと向き合えていないように思うのです。

例えば、2歳の子が嫌だ嫌だと主張するような同じことを、5歳の子どもがしても「イヤイヤ期だから」とは言われないと思います。

これは、怒っている女性に対して、「生理なんじゃないの？　更年期なんじゃない

の？　カッカしないの！」と、怒っている理由も考えずに、はなからそう決めつけて、あしらってしまうようなものではないでしょうか。

「イヤイヤ期」という言葉は、新たな成長のステージにいる子どもとちゃんと向き合うことができていない大人が使う言葉だと私は思うのです。

2歳ごろになり、子どもが「嫌だ」と言うようになったり、言うことをきかなくなったりすることがあったとしたら、それは言葉という手段を使って自分の気持ちを主張したり、したいことや、したくないことといった自分の好みがちゃんと言えるようになってきた、新たなステージに突入した証です。

そのような新しい子どもの成長の変化に、ママの対応や返答も変化させていくことが重要です。

いつまでも赤ちゃんのころと同じように対応していては、子どもの成長の手助けにはなりません。ママは子どもの成長の速度にあわせて柔軟に対応の仕方を変えて接していく必要があるんですよね。

イヤイヤ期には「そうなんだね」が効果的

この時期、子どもが徐々にしゃべれるようになっていくので、「公園に行きたい」とか「アイスを食べたい」と自分のしたいことを主張し始めます。

そんなとき、大人に別の目的がある場合、頭ごなしに、「ダメよ。今日はもう出かけるんだから」とか、「ダメよ、ご飯食べれなくなっちゃうでしょ」と、まずは「ダメ」であることを言ってしまうケースが多いのではないでしょうか？

こんなとき、我が家では、「へー、レオちゃんは公園行きたいんだね。公園楽しいもんね」とまず、子どもの主張を聞いているよという姿勢を伝えます。そしてその次に、「でもね、ママ今日はここに行かなくちゃいけないから、それが終わったらでもいい？」と順序を整理してお願いを伝えるようにします。

不思議なことですが、そうして子どもの主張も聞いているよという姿勢をまず見せることで、頭ごなしに「ダメ」と伝えるよりも、子どもはママの言っていることをまずは聞いてくれるようになります。そしてその後少しのやりとりが続いたとしても、「嫌だー、公園行きたいー、うわーん」と泣き叫ぶようなことはなく、ママの話に同意してくれるようになっていきます。

大人にはたくさんのやらなくてはならないことがあります。けれど頭の中で進行しているプランを話もせず子どもにわかってほしいと思うのは、こちらのワガママとも言えるでしょう。

まずは、ママが「そうなんだね。そうしたいんだね」と聞いてあげることで、子どもはママがちゃんと自分のしたいことを知ってくれているという気持ちになれます。それは同時に、ママは自分のことをわかってくれているという、親に対して心を開いている状態になるというわけです。その状態になることで、子どもはママの言うことをよく聞いてくれるようになります。聞く耳を持つとは、相手を気にとめているということなのです。

実はこうしたことは大人とのコミュニケーションでも重要なことで、頭ごなしに「ダメ」と言う前に、「そうなんだね」と「相手の意見を聞いています」という気持ちを伝えることが、その後の流れを円滑にする重要なポイントだと思います。

面白いことに、私の母や他の人が息子に伝えても聞き入れてくれないことも、私が言えばすぐに息子は納得する、というようなことがよくあります。周りは「ママが言うと違うんだね」と言いますが、息子への伝え方、会話の進め方をちょっと変えているだけの違いなんですよね。

イヤイヤ期は大人がつくっていた

2歳くらいまでの子どもは「今」を生きています。昨日、今日、明日という概念を理解できるようになるのは、もう少し大きくなってからです。

それなのに、1歳、2歳の子どもを相手に、「明日公園行こうね」と言うと、何が起こるかと言えば、子どもは大好きな「公園」という言葉にだけ反応して「行くー」となります。

そしてママが「明日ね、明日」と説明をしても、時間の流れの概念がわからないので、「公園行きたいー」と泣き出してしまうのです。

これは大人の対応が原因による、子どもがイヤイヤ期のように見えてしまうほんの一例ですが、このように子どもが泣いてしまう理由のほとんどは配慮のない大人の会話の仕方が関係していることが多いように思います。

もちろん、成長のステージにあわせて、「明日、昨日」などという言葉を織り交ぜた会話をしていくことも必要ですが、それを行う時期やタイミングへの配慮は必要です。「今を生きている」小さな子どもに、時制の概念を理解して会話をすることを期待するのは、楽しみを「待て」と言ったまま目の前に吊り下げるようなもの。とても酷なことであることを大人は覚えておきましょう。

スムーズに子どもと意思の疎通がとれなかったり、会話が転がっていかないと感じているママは、その原因が自分にあるなんて思ってもみないかもしれません。しかし、言葉の選び方や言い方、伝えるタイミングをちょっと変えたり、考え直してみたりするだけで、円滑に会話ができるようになるのではないでしょうか。

泣きをひきずらせない

1歳、2歳のころは角に頭をぶつけたり、転んでしまったりと、日々小さな「痛い」を繰り返します。

可愛い我が子なので、「痛かったの⁉ 大丈夫⁉」と心配をしたくなるのは親としては自然な気持ちですが、心配の仕方によっては、火に油を注いでしまいます。

泣いている子どもを「痛さ」から立ち直らせるために、気持ちを他に向けさせなくてはならないのに、「痛いねー。痛いのー」と痛いを高いテンションで繰り返しては痛いイメージから抜け出せなくなってしまいます。

かといって、子どもが痛いと言っているのを軽視した方がいいというわけではもちろんありません。

我が家では子どもが頭をぶつけたり、つまづいたりすると、「痛かったねー。どこでやったの？　どこ？　この角？　教えて？」と「現場検証」を一緒にするようにしています。

痛みにフォーカスするよりも原因となった場所を一緒に確認することで、子どもの興味はそこへとうつり、案外すぐに泣きやむようになります。子どもが泣いて痛みを訴えてきたら、「痛かったねー。どうしたの？　どこでやったかママに見せて」と言って、子どもにその場所へと連れて行ってもらうようにしてみてください。

こうすることで、自分がぶつけた場所も覚えるようになるので、同じところでぶつかる、転ぶことが、少なくなっていきます。

このやりとりが定例化すると、我が家では息子が頭をぶつけると、「ママ、ここの角にぶつけたよ」と、痛みを訴えるよりも先に、どこにぶつけたのか、何が起こったのかを私に知らせてくれるようになりました。

こんなふうに私たち大人の対応に、ちょっとした変化を加えていくだけで、泣いたり、わめいたりという子どもの態度は変わっていきます。その時々の成長のステージにあわせて、柔軟に対応を変えていきましょう。

13
親子で育つ

悩んだら
世界に目を向けよ
世界の子育ては
もっと奇想天外でたくましい

ママはどっしり構えて

初めての子育て、何を食べさせたらいいいか、どのタイミングで外に出たらいいか、これはいけないの？　あれは大丈夫？　考えだしたらキリがないほど、ママは子どもに何をどうしてあげたらいいか、悩むことばかりだと思います。

子どものことを大事に考えるからこそ、悩んでしまうのかもしれませんが、あまり深く悩みすぎるのもよくありません。

こうしたとき、この世界には、さまざまな環境で育っている頼もしい命が存在していると思うようにしていると、神経質に悩むことはなくなるかもしれません。

私はいつも迷ったときはそうして、あまり小さなことを気にせず子育てをするように心がけています。

決していい例ではありませんが、私たちの感覚からすれば、満足にご飯を食べられないけれど、たくましく育っている子どもが世界にはたくさんいます。それがいいことだとはもちろん思いませんが、よく「今日は、まともなご飯を食べさせてあげられなかった」ことを、ものすごく深刻なこととして悩んでいるママを見かけます。しかし、そうしたことも、世界のさまざまな状況にいる子どもたちを想像する余裕が頭にあれば、そこまで悩むようなことではありません。

他にも「まだ小さいから」という理由で自分のことや家の手伝いをスキップさせるようなことは、我が家ではありません。例えば、ゴミ出しや自分のものは自分で持つなど、なんとなくでもできそうなことはどんどん積極的にやらせていくようにしているのですが、その背景にあるのは、2歳や3歳にして牛や馬の世話を手伝う子どもも世界にはいるということを、常に頭の隅に私がイメージとして持っているからです。「2歳の子にこれは早いだろう」とか「3歳の子にこれは早いだろう」という概念を忘れて、何でもやらせたらいいでしょう。

世界は広く、子どもは私たち大人の属する生活環境に応じて育っていきます。

私たち大人が思っている以上に子どもは状況に応じて自分自身を進化させていけるのです。

私が思うのは、ママが深刻に悩んでいるようなことは、世界に目を向けたとき、意外と小さなものでしかないケースが多いということ。

ママはどっしり構えること。あまり小さなことで悩みすぎたり、気にしてばかりいたりすると、家族全体のハッピー力が低下しかねないので、気をつけましょう。

ちょっとの法則

大人の目線で子どもを見守っていると、未然に防げる危ないことはいっぱいあります。その先に何が起こるか、大人にはわかることが多いので、先まわりをして手助けしてしまいがちです。しかし、痛い思いをしたことがない子は、何をするとどんなことが起きるのか、説明してもわからないので、受け身など危険への防御が薄くなるように思います。

そこで私はあえて、ちょっと危ないこと、ちょっと痛いくらいのことなら、先まわりして手助けはせず、目の届くところで、経験をさせるようにしています。

子どもはもちろんですが、私たちが成長していくとき、「ちょっと難しいことにチャレンジする」「ちょっと大変だけれどやってみる」というように、「ちょっと」背伸びをするのは、自分の可能性を広げるためにとても大切です。

このとき、「ちょっと」というのがミソで、「ちょっと」だからこそ、耐えられたり、頑張れたりするのだと思います。

この、「ちょっと」というのは、手を出しすぎずに子どもを見守るという距離を築くのに、とてもいい目安になります。

私たち大人の目の届かないところで子どもは危ないことをたくさんするでしょう。

そんなとき、普段から、「ちょっと危ない」「ちょっと痛い」を知っている子どもなら、危ないことや痛いことへの危機感が少なからず備わっているため、滅多なことはしないと思うのです。

例えば床に紙が落ちていたとします。

多くの大人は先まわりをして、子どもが上に乗って転ばないように、拾うのだと思いますが、「滑る↓転ぶ↓痛い」という、痛い結果を生み出すプロセスをイメージとして子どもに知ってもらう必要があるため、周りに危ないものがないことを確認したうえで、静かにそのまま見守ります。

「紙に乗ったら滑って転んじゃうよ。転んだら痛いよ」と言いつつ、子どもがまんまと転んでしまったら、「紙に乗ったら滑っちゃったね。転んじゃったね。お片づけしないと危ないね」という具合に、痛い目にあった理由を一緒になぞります。

子どもだって、頭をぶつけたり、指をはさんだり、痛い目にはあいたくないはず。けれど、経験のないことを予測して回避するのは誰にだって難しいことです。

先まわりして手助けをせず、ちょっとの痛いを経験させることは、もっと痛い目にあわないように願うママの愛情だと思うのですが、いかがでしょうか。

子どもと一緒に学ぶというステージ

子どもが生まれると、まるで自分が子育ての犠牲になっているかのような言い方をするママやパパによく出会います。

もちろん実際に、自由な時間はなくなりますし、基本的には子どもに合わせなければならない生活になるので、以前のようにはいかなくなります。そうしたことからついネガティブに聞こえることを言ってしまう気持ちはわかるのですが、自分のせいでママが不満ばかり、なんていう状況を幸せに感じる子はいません。

決して取り違えないでほしいのは、だからといって、好きなことをしてくださいというのではなく、子どもとの生活の中でも、ママの考え方や工夫次第で、自分のしたいことも諦めずにバランスをとっていく方法を見つけられるはず！　ということです。

子育てをしているとあっという間に10年経ったという話をよく聞くと思います。0歳から10歳の子どもの成長は著しいものです。それでは、同じ時を過ごしたはずのママの成長はいかがでしょうか？

もしも自分のやりたいことができない。育児の犠牲になっていると思っているママやパパがいたら、育児という時期は、子どもと共に成長できるという楽しみ方で、もう一度多くのことを学べる絶好のチャンスに恵まれている。そんなステージの真っ只中にいることを思い出してほしいと思います。

親子で英語を学ぶ

親子で学べることの例として、家の中でできる英語教育をご紹介します。

最近は「英語がしゃべれる子になってほしい」というパパやママが多くなっていると思いますが、塾やおけいこに通わせなくても英語が話せるようになる、ぜひ実践していただきたい工夫をお伝えしたいと思います。

英語や外国語を身につける方法は、マスターするのが難しくなってしまう年齢に達する前にどんどん自然にインプットさせていくことです。

我が家で実践しているのは、「テレビはすべて英語で見る」こと。これなら、ママやパパが、英語が得意でなくても、大丈夫ですし、大人も子どもと一緒に勉強できてしまうので、一石二鳥です。

うちはそもそもあまりテレビを見る家庭ではないのですが、どうせならと、テレビがインターネットにつながっていることもあり、テレビをつけるときはすべて、YouTubeで英語で見られる子どもチャンネルを探して、流すようにしています。

もしもYouTubeが見られない環境であれば、英語でつくられた子ども向けのDVDもたくさん売られているので、実践してみてください。

よく、「テレビは影響力がある」という言葉を聞きますね。本当にその通りで、つけっぱなしのテレビをぜんぶ英語に変えれば、その影響力たるやすごいものです。

テレビから入ってくる言葉を英語縛りにすることで、知らず知らずのうちに夢中になって、ぐんぐん英語が身についていきます。

そもそも、ちゃんと見てはいないけれど、なんとなくテレビをつけたまま過ごしているというご家庭は多いのではないでしょうか？　けれど気づけば数時間、それが毎日となれば、子どもにとっては大きな影響力です。

日本語もまだわからない赤ちゃんや幼児にとって、言語のバリアはありません。初めましての言語であれば、英語は難しいという概念さえ存在しないはずなので、今日から英語でテレビを観ることを実践してみてはいかがでしょうか？

子どもに英語をしゃべれるようになってほしいと本気で思っているのなら、それくらいの協力体制をつくって挑むのがチーム「ファミリー」というもの！　そしてママも、子どもにばかり期待するのではなく、一緒になって学びのステージを楽しんでみてください。

HAPPY
BIRTHDAY
Kiss me!
3rd
42

14
歌はハッピー力をあげる

ハッピー力は
イマジネーション力

ハッピー力＝イマジネーション力

私の子育ての基本には、「何もない」シチュエーションで「ハッピーを生み出す力」を持っている子はどこでも力強く生きていける、という考え方があります。

子どもが喜ぶおもちゃやお菓子で気をひけば、子どもはもちろんそれなりにハッピーになってくれると思いますが、それは自分で幸せを見出しているわけではありません。おもちゃもない、お菓子もないという環境で、自分で遊び方や楽しみを見つけられる子どもはとてもハッピー力が高いなと思います。

何もないところに楽しみを生み出せるということをママから子どもに教えてあげられたら、とても素敵だと思いませんか？

例えば、トイレットペーパーの芯を何かに見立てて遊べる子と、そうでない子がいます。その違いは、何かに見立てて遊ぶという遊び方を知っているか、知らないかの違いです。

とても便利なおもちゃが溢れている時代ですが、時におもちゃではなく、家の中にあるものを使って遊ぶことは彼らの発想力、想像力を刺激するにはとても重要です。

また、遊んでいれば子どもが楽しそうなのは当たり前ですが、遊んでいない平常時に楽しそうな子というのは、子どもの中に根づいている基本的なハッピー力が高いかどうかということ。

この章ではハッピー力のベースをあげていく方法をご紹介していきましょう。

歌う、踊る、自分を楽しませる

「歌う」「踊る」ということは、何も使わずにできる、究極のエンターテイメントだと思いませんか？

鼻歌を歌いながら歩く家族がいたら、何かいいことあったのかな？　と、見ているこちらも幸せな気持ちになりますよね。

自然にできることのように思えるこの「歌う」「踊る」という行為ですが、学校でみんなで歌うなど、「歌う状況だから」歌うというのではなく、子どもが自主的に自然と生活の中で歌を歌うようなことができるハッピー力の高い子になるには、ママからの少しのサポートが必要です。

例えば、保育園までの道すがら、歌を歌って送り迎えをする。病院の待ち時間、小さな声で知っている歌を一緒に歌うなど、遊ぶ時間でない状況や、おもちゃがないようなシチュエーションでも、歌を知っている親子は、楽しみを何もないところに生み出すことができます。

ママが率先して歌えば、子どもも一緒になって歌うようになるので、一緒に歌える、たくさんの歌を覚えましょう。

ステージはそこらじゅうに

子どもが「歌う」「踊る」というのは、見ているだけで可愛く、とても微笑ましいものです。

けれど、「ほら、歌ってごらん」と言ったところで、大人が言うようにはいかないことも多いと思います。

我が家では、階段の踊り場になっているような場所を見つけると、「あ！　ステージあった！」と言って、ショータイムをうながす遊びを2歳を過ぎたころから出かけるたびにしていました。

その結果、3歳3カ月になる現在では、小上がりになっている場所を見つけると率先して上がっていき、「レオちゃん、歌います！　拍手お願いします！」と言って「ララー」とショータイムを始めてくれるようになりました。

それができたところで何があるというわけではありませんが、こんなふうに道具を使わずとも、自分も周りもハッピーにできることを知っている、ハッピー力の高い子はとても幸せそうに見えます。

これこそが、この本で伝えたかった、周りを巻き込んでどんどん幸せを育てていける「ハッピー力」の高い子ということ。皆さんのご家庭でも歌うことや踊ることを特別なこととしないで、生活の中にどんどん取り入れるように心がけてみてください。

子どもの表現力がどんどん育って、朗らかで周りを笑顔にする、ハッピーな時間が増えてゆきます。

場面にテーマソングをつける★★★

息子は2歳のころから片づけが上手で、よく「片づけが本当に上手ですね」と言われます。

実はこうしたことを楽しくできるようにするには、さまざまな生活の動作にテーマソングをつけることがとても有効です。

運動会の玉入れの時などに流れる、「タンターンタカタカタンタンタカタカ、タンタンタカタカタタタタタタタタタ……」という、楽しげでテンポ感のある曲、ありますよね？

我が家では片づけのときや急いでほしいときには息子と一緒にあの歌を歌うことにしています。

運動会を体験したことない2歳児であっても、あの曲の持っている雰囲気を感じ取ることができるようで、片づけもゲームのように楽しみながら、急いでしてくれるようになりました。

ここで、注意してほしいポイントがあります。子どもがなかなかやらないと、ママが片づけを手伝ってしまったり、先に片づけてしまったりすることがありますが、これは子どもがいつまでたっても片づけられなくなる要因になります。

「使う」と「戻す」は一連の作業。セットだということを、動作を通じて子どもに知ってもらう必要があります。

また、ママの言い方や伝え方次第で、「使う」も「片づける」も同じように、楽しいことだと思って、楽しみながらできるようになります。

片づけを子どもにさせるときのポイントは、ママは応援する係に回ることです。「頑張ってー、ママ応援、一生懸命するからねー」と、運動会の競技さながらに、役割をはっきりとさせます。そしてママは真面目に、片づけの応援をします。

子どもにとって片づけは、本当は遊ぶことと紙一重のような動作です。

でも、どうして片づけをしたがらない子がいるかお気づきですか？

物を出すときはそれで何かをつくる、遊ぶというワクワク感があります。

けれど動作の先にワクワク感を感じられない片づけには興味がわきません。

そもそも、「お片づけしてね」と言うときのママのテンションは、すでに楽しいものではなくなっているはず！

ママが期待を込めて、楽しみなことのように「お片づけしてねー」とお願いをすれば、片づけ自体が楽しいものに変わっていきます。片づけをしている子どもを一生懸命に応援するようにしていくだけで、ママからのアテンションがほしい子どもは、「片づけをするとママが応援してくれる。見ていてくれる」という気持ちになって、頑張って積極的に片づけをしてくれるようになります。「片づけは競技」と思って、ママは一生懸命応援してあげてください。

他にもさまざまな場面にテーマソングをつけることで、子どもをその気にさせることができると思います。テーマソングで、平凡な日々にハッピー力をプラスしてみましょう。

15
コミュニケーション力をあげる

リアルからしか得られないもの

じゃんじゃんお出かけ

子どもが小さなうち、特に赤ちゃんのころは、さまざまな理由で出かけることが億劫になり、家にいることの方が多くなってしまいがちです。

ワクチンの接種が終わるまでは外には出かけないという考え方もありますし、子どもとのお出かけは何かと荷物が多くなります。結果、ママは重労働になってしまい、楽しいことばかりではなくなってしまうので、家にいた方がむしろリラックスできることもあると思います。

それでも、私は、子どもが小さなころから、さまざまな環境へお出かけすることを勧めます。

数カ月の間、家でしか過ごしたことがない赤ちゃんが、急に外の世界にお出かけをしたら、驚くことばかりだと思います。

抱っこひもに揺られたり、バギーに寝かせられているだけでも、赤ちゃんはたくさんのことを見たり聞いたり、感じたりして、学んでいます。

ママが誰かと交わすやりとりや、ママでない人の声などを通じて、コミュニティーを感じ、学んでいるのです。寝ているだけの赤ちゃんであっても、一緒にお出かけをするように心がけてみてはいかがでしょうか？

「ママの創作話」★★★

夜寝る前に絵本を読む、いわゆる「読み聞かせ」をしているお家は多いと思います。

私がオススメしたいのは、ちょっとした一工夫、「ママの創作話」です。

読み聞かせもいいのですが、我が家でもある時期までは、本を読んであげていたのですが、就寝時間が近づくと部屋を暗くして、眠りへの雰囲気づくりをしたいと考えていたので、絵本がよく見えない状況に困りました。かと言って電気をつけると、ゆるやかに眠りへいざなうムードがつくれません。

そこで考えたのが「ママの創作話」です。

本を読んでほしがるようになる2歳を過ぎたくらいから、絵本のかわりに昔話を読む口調と文体で子どもがわかる単語ばかりを使って短いお話をつくって聞かせてあげるようにしています。

我が家の場合はこんな具合です。


「むかーし、むかし、あるところにレオちゃんと言う男の子がいました。

ある日、レオちゃんが歩いていると、大きな、おおきな恐竜さんがどっしどっしと歩いてきました。

おおきな恐竜さんはレオちゃんのところまでくると、レオちゃんに言いました。

『こんにちは。僕、ティレックスのティーくん。お名前は何ていうの？』」

息子はたいていここで、『レオちゃん！』と創作話の中に参加してきます。

これは、息子が話の中の登場人物は自分だと、認識している証拠です。

「『レオちゃんっていうんだ！　ねぇ、ねぇ、お友達になってくれる？』

するど男の子は言いました。『うん。いいよ』（私が『いいよ』と言うのが先か、彼が言うのが先かというタイミングで息子はすかさず、『うん。いいよ』とまた創作話に楽しそうに参加してきます）。

お友達になったティーくんとレオちゃんは仲良さそうに手をつないで公園へ行くことにしました。『レオちゃん、僕を公園まで連れて行ってくれる？』。ティーくんがお願いすると、レオちゃんは手をつないだままいつもの公園にティーくんを連れて行ってあげました。『さぁ着いたよ。一緒に滑り台をしよう！』。レオちゃんとティーくんは仲良く滑り台で遊びました……」

お気づきでしょうか⁉

この創作話だと、自分の知っている単語や好きな単語、子どもが体験したばかりの話を盛り込んでいけるので、ママの言葉から今日1日の行動や学んだことをうまい具合におさらいすることができます。しかも話の中に自分が登場することで、話に興味がわき、参加してくるところをみると、確実に彼の頭の中で言葉から話の描写が想像できていることが確認できます。

これは本当に素晴らしいことです。

また、恐竜のお友達との会話から、どんなふうに受け答えをしたらいいかという、コミュニケーションの仕方も学んでいけます。本書でオススメしているさまざまなアイディアの中でも、オススメ中のオススメ、星三つ★★★なので、皆さんにも、ぜひ、やってみてほしいと思います。

道草デート

我が家の場合、平日は保育園に通わせているため、毎日の送り迎えがあります。

家と保育園、いつもは自転車で5分の道のりを、あえて時々歩きに変えて、30分から40分かけてのらりくらりと帰ってくる。これを私は「道草デート」とよんでいます。

送り迎えのような日々のルーティーンを自転車から歩きに変える、こうした変化は子どもにとっても、ママにとっても気分転換になります。

また、この道草デートは、ママと子どもの絆を深める、コミュニケーション力アップのきっかけをたくさんつくることができます。

帰り道、すれ違う親子が「早くしなさい！」と促されながら、急いで帰るなか、私たち親子はのんびりと、息子の興味にあわせて、立ち止まってはまた歩きを繰り返して、散歩をして帰っていきます。

この道草デートで大事なのは、自分の子どもがどんな物に興味を示す傾向にあるのかを観察すること。また一緒に立ち止まった物の名前を教え、その場所が二人だけの秘密のポイントに思えるような、特別な名前をつけていくようにすることです。

例えば、「とんがった葉っぱがいっぱいのデンジャラスゾーン！」というように、途中に生えている木の茂みの特徴などを面白くネーミングすることによって、帰宅後にその話をした際、子どもはママが何の話をしているのか、頭の中でイメージしやすくなります。

私が自信を持ってオススメする、お休み前の「ママの創作話」にも、この二人だけの秘密の「ポイント」を盛り込んでいくことで、言葉が豊富で、頭の中でイメージを描ける想像力の高い子になっていきます。


とんがった葉っぱが生い茂る「スパイキーデンジャラス」ポイント。

店先に置かれた石が恐竜のたまごみたい「恐竜のたまご」ポイント。

店先に置かれた椅子のある「王様の休憩」ポイント。

青い花が咲いている「レオちゃんの大好きな花」ポイント。

階段の踊り場で歌う「ショータイム」ポイント（彼はいつもここで私に歌を披露してくれます）。

美味しいアイスクリームを売っている「秘密のデート」ポイント。

自転車の送り迎えを、歩きに変えることで、日常に変化をもたらすこともとても大事ですし、歩くことでしか発見できないポイントづくりが、この道草デートの醍醐味です。

時間を気にせずに子どもの興味に寄り添いながら歩いてみればみるほど、大人が気づきもしなかった、面白いポイントがたくさん発見できます。

コミュニケーション力をあげるには、ママと共通の単語や場所、思い出をたくさんつくることが何より大事。この道草デートで、ママと二人のデートスポットをたくさんつくってみてください。

キャラクターよりリアルが先

シマウマは知らないけど、アンパンマンは知っている。こういう子はけっこういると思います。

私にとってそれは、日本は知らないけど、ピカチューは知っているみたいな、少しちぐはぐなことのように感じます。

大人にも同じことが言えると思いますが、何かを好んで選んでいるのと、ほかを知らずに狭い範囲で物事を見ている人とでは、言葉の深みや説得力が違うように感じます。

可愛いキャラクターに溢れかえる世の中ですし、キャラクターのひきつけ力は絶大なので、どんなに家の中で排除しても、遅かれ早かれ、自然に子どもはその存在を知ることになります。

そして一度キャラクターの魅力にはまってしまうと、なんでもかんでもそのキャラクターに興味がいくようになることは、私はあまりいいことではないと思っています。

人が何かを想像するとき、多様なものに触れていることがとても重要です。

特に目にするものすべてが初めての赤ちゃんに、まずは、リアルに存在する動物や植物、乗り物や食べ物、この世の中に自然な形で存在するものを先に教えていく。

この順序は、私たちの根本的な美意識を形成するうえで、とても重要なことのように思っています。

何度もお伝えしてきたように、赤ちゃんや小さな子どもの感性は鋭く、大人が思っている以上にあらゆる物からたくさんのことを感じ、学んでいます。

赤ちゃんは可愛いものが好きというのは、大人が勝手に思っている勘違いのようなものだ思います。

本当は、可愛いように見える、すなわちわかりやすく簡略化されたものが、赤ちゃんには認識しやすいというだけなのではないでしょうか？　ですがそれは、決してリアルなものや、大人が好むようなものに興味がないということではありません。

世界観の強烈なキャラクターものを与える前に、リアルに存在する、多くのものを教えてあげること、また多ジャンルのものに触れさせてあげることが、子どもの表現や創造性を培うポイントなのではないかと思います。

それはビジュアル面だけでなく、音楽なども同じこと。私は子どもが好みそうなものという視点からだけでなく、多ジャンルに触れさせるという視点で音楽も聴かせるようにしています。

おもちゃを選ぶ

使い方が決まっているおもちゃには、「どう使うか」「何に見立てて使うか」という、子どもの発想力はあまり必要ありません。

そういったおもちゃは、どちらかというと、上手に使えるか、指を動かせるか、というような「動作がうまくできるか」の練習となることが多いでしょう。

そのため、子どもの発育に合わせて、適切なおもちゃを選ぶ必要があります。

「欲しがるから」という理由だけで、子どもが望むおもちゃを買い与えていれば、ただただ物が増えるだけ。

そこで、我が家では遊び方がかぶるおもちゃは買わないなどという工夫をしてきました。

また、想像力を使えば補えてしまう物はおもちゃとして買わないというルールもあり、息子は友達の家で見た「おもちゃの拳銃」がお気に入りのようですが、我が家ではその種のおもちゃは買わないと決めているので、男の子がよくするような打ち合いの遊びは、息子が持っている電車のレールをそれに見立てて、「バンバン」と言って遊ぶようにしています。

このように与える大人の方で、その子にあったおもちゃの選定や、おもちゃの種類を考えるなどの工夫をすると、日々の遊びから、効率よく子どもの想像力を刺激していく手伝いとなるはずです。

16
ママへの提案

子どもは毎日新記録を更新している

「いいね！」をいっぱいあげましょう

子どもが成長を遂げていくと、次から次へと親の期待も膨らんでいきますね。

ついつい忘れがちなのが、歩けただけで歓喜した日々のこと。

できることがたくさん増えると、一つひとつへの感動が薄れてしまって、いちいちとりたてて褒めたり感動したりしなくなっていってしまう私たち。

目の前にいる子どもたちは、あの日初めて歩いた日と同じように、毎日何かしらの新記録を更新しています。この事実を大人が見逃さないように接してあげることはとても大切です。

「すごいね」と褒めてあげるのは、特別すごい出来事である必要は決してありません。

当たり前のようなことを褒めてあげることは、ママにしかできない特権です。

「遅くまで起きててすごいね」「今日も元気いっぱいだね」など、あまり褒めるようなことではない事柄を取り上げて褒めることもいいでしょう。

大人であっても「いいね！」が増えると嬉しい時代。
「すごいね！」「いいね！」をママから子どもにたくさん伝えてあげましょう！

結果でなくプロセスをほめる

1歳、2歳と少しずつできることが増えていくと、大人が子どもをほめる、ほめ方の視点が変わってしまいます。子どもが「やろうとした気持ち」に対してではなく、「ちゃんとできたか」という、結果を評価することへ視点が移ってしまうのです。これはとても残念なことです。

また、こうしたほめ方、接し方は、子どもの「やろう！」という気持ちを知らず知らずのうちに台無しにしてしまいます。

例えば、我が家の場合、私が布団をしまっているとき、子どもが手伝ってくれようとするのですが、本当は私が一人でやってしまった方がすぐに終わるので、「ママの邪魔しないの」と周りの大人が言ってしまうことがあります。

けれど、「お手伝いをしたい」という気持ちで大きな布団を持ったつもりになっている息子と時間が多少かかろうとも一緒に片づけをすることの方が、とても意味があることのように私は思います。

子どもが家事にコミットしようと近寄ってきたら、実際にあまり助けにならなくても、「あー、ママ助かっちゃうなー、ありがとう」と言って、一緒にやるようにしてみてください。

小さいうちは、うまくいかないように見えることの方が多いと思いますが、この時期は「何かしよう。手伝おう。参加しよう」と思う、この気持ちを育てることが重要です。家族間のコミュニケーション力、ハッピー力をあげるためにも、結果だけでなく、プロセスを楽しめるファミリーになりましょう。

「ダメ」に制限を設ける

ハッピー力をあげる言葉があるように、その逆の言葉も存在します。

そんな言葉の一つが「ダメ」という言葉。

子どもといると、あれもダメ、これもダメと、気づけば怒ってばかりの自分に疲れてしまうときってありませんか？　私の場合、子どもが1歳～2歳のころ、自由に動けるようになり、さまざまな物に興味を示し出した時期にそんなことを感じることがありました。

そこで、自分の中で、怒るのは「その先に危ないことがあるとき」という、ルールを設けたら、怒らなくてはならない回数がぐんと減り、自分にイライラすることが激減しました。

何度もお話ししているように、家の中が危なく、ダメ指数の高い部屋であれば、危ないがゆえに、怒らなくてはならない回数が増えてしまいます。

そこでまずは、子どもに優しい危なくない環境づくりをすることから始め、その次に「それをしたら危ないことになる」という状況以外は、基本的には「見守る」というスタンスでどっしりと構えることにしたのです。

すると、細かく注意をしていたときに比べて、子どもは何が、何で「ダメ」なのか、伝わりやすくなったようで、注意されていることの内容を早くに理解できるようになっていきました。

怒るときはわかりやすく、シンプルに最後までちゃんと怒っている理由を伝える。こうしたことを丁寧に繰り返すことで、大人が思っている以上に、子どもはちゃんと理解してくれます。

子どもを安全に自由に遊ばせられる部屋づくりは、パパとママもリラックスして安心して過ごせる、ハッピー力の高い空間になるでしょう。

アングリーの見える化

子どもを相手に、特に言葉の理解が難しい相手に、どんなふうに、どこまで怒ったらいいか悩んでいるママは多いようです。

先にお伝えしたように、どんなときに怒るかという怒るアクションにルールを設けることで、何に怒ったらいいかが自分の中で整理され、怒る回数は格段に減ります。
しかし、そうはいっても日々の生活の中では、「危ないこと」以外にも、山ほど怒らなくてはならない場面はあると思います。

例えば、おもちゃを散らかし放題にしている。物を大事にしないなど、言葉で説明してもわからない子どもに、なぜそれがダメなのかを伝えるのは、とても難しいです。何度言っても聞かないこともあります。

そのようなとき、言ってもわからない相手には、「アングリーの見える化」で、怒ったことをわかりやすくインパクトのある形で伝える方法があります。

まず、おもちゃを片づけない、物を大事にしなかったとき、「お片づけしようね。ママもらっちゃうよ」と何回か片づけるようにうながします。

そうやって言葉で伝えたにもかかわらず、聞き入れる様子がなければ、「ママは3回以上お願いしたからね。いいのかな？」とそれが最後通告だということも伝えます。

そうして「じゃあ、ママもらっちゃうね。レオちゃん、大事にできないでしょ」と伝えたら、部屋に散らかっているおもちゃをすべて、大人の部屋の戸棚にしまってしまいます。

おもちゃをしまい始めればすぐに、子どもはその状況に気づいて、どうにかしてママを阻止しようと必死になって泣いたり、謝ったりするかもしれません。

けれどここで重要なのは、子どもの涙に負けず、「大事にできなかったら、ママもらっちゃうよ」と言った言葉に責任を持って、ママもそれを貫き通すことです。

そうでないと、ママは脅し文句で言っているだけと子どもは思うようになって、同じようなシチュエーションのとき、何度言っても行動にうつさなくなるだけです。

恐らく、そんな状況になれば、子どものことをかわいそうに思って、「じゃあ、今度は片づけるのね？」と言って、すぐにおもちゃを子どもに返してあげてしまう大人が多いと思うのですが、言葉でわからない相手には「片づけないと何が起こるか？」「物を大事にしないと何が起こるか？」を、一度はインパクトのあるイメージとして、理解してもらう必要があります。

もちろん、タイミングを見計らう必要はありますが、適切な時期にこの「おもちゃショック」とも言えるインパクトを与えることで、それ以降のお片づけが、とてもスムーズにできるように我が家ではなりました。

片づけのことを例にあげて「アングリーの見える化」のお話をしましたが、言葉の自由がきかない子ども相手でも、怒ると決めたときには、中途半端ではなく、「なぜ」ママは怒っているのかという理由もちゃんと子どもに伝えることが重要です。ママがそれによってどんな気持ちになったかを伝えるのもいいでしょう。子どもはママにどんなふうに思われるかということにとても敏感です。

こうしてほしい、ああしてほしいとママからの要求を伝えるばかりより、「それをしたらママはとても悲しかったよ」と伝えるほうが効果があるときがあります。

日々の暮らしの中で、同じことを何度も繰り返し注意したり、怒らなくてはならない状況は、家の中のハッピー力を低下させます。

怒らなければならない理由があるのなら、中途半端に怒るのではなく、しっかりと丁寧に、最後まで怒って、同じことが何度も繰り返されないように、ママの意図を子どもにちゃんと理解してもらうことが大切です。

仲直りは和解の印

ハッピー力が下がる、「怒る」という話ばかりが続きましたが、「怒る」こととセットで必ず行ってほしいのが「仲直り」です。子ども同士の喧嘩なら、当たり前のように「仲直りは？」とか「仲直りしようか？」と仲直りすることを大人が促したりもしますが、大人が子どもを叱った後も「仲直り」が必要です。

悪いことをした相手と仲直りなどおかしな話に聞こえるかもしれませんが、「仲直り」は「和解の印」ですよね？

お互いの意図することをお互いがわかったよ。ということをわかりやすく感じあえる仲直り。怒った後に仲直りまでセットで必ず行うことで、怒られっぱなしではなく、「ママはわかってくれた」と、子どもの気持ちを「次は頑張ろう」と、前向きな気持ちへ切り替えてあげることのできる、大切な儀式です。

お家の中でも、「仲直り」は必ずやってみてください。

優しいママと恐いママ

「褒める」「叱る」はどのタイミングでどのようにするかで、相手への響き方がまったく変わってしまいます。

それゆえ、「褒め方」「叱り方」で悩むママも多いのだと思います。

けれど、本当に子どものことを考えて言葉を発しているとき、子どもは私たち大人が思っている以上に、その本当の意味を理解しています。

怒っていて怖いように見えるママでも、「なんで怒っているのか？」をちゃんと伝えられていれば、子どもはたくさん怒られても、ママのことが大好きです。

逆に言うと、なぜ怒っているのか、子どもが理由を見いだせないような怒り方ばかりしているママは、子どもにとって、ただ怖いママになってしまいます。

一方で、なんでもかんでも許してくれて、やらせたい放題してくれる優しいママが、必ずしも子どもが好きなママとは限りません。

要するに、子どもたちは自分のことを真剣に考えてくれているママやパパ、大人の言葉であれば、心を開き、聞く耳を持ってくれるのです。

叱るときに、月齢に応じてルールを設けるのがいいとお話をしましたが、子どもに注意をするとき、根本的にどの月齢であっても、ママが「この子に何を大事と思ってほしいか」というイメージを持って接することが大事です。

そうすることで、注意するべき場面が整理されて、なんでもかんでも怒らずにすむようになります。

我が家の場合は、コミュニケーションという分野を重要項目においているので、返事や謝るタイミングについてはけっこう注意をします。

一方で「ご飯を残す」「朝起きられない」「お風呂に入らない」など、他のお家でなら叱る項目に入りそうなことでは、あまり怒りません。

また、「ありがとう」や「ごめんなさい」が言うべきタイミングで言えなかったときに、ママは、どんな気持ちになったかを伝えるようにして注意をします。そうすることで、頭ごなしに注意されるのとは違い、自分以外の誰かのことを考えて行動できる、思いやりのある子になっていきます。

優しいママか、恐いママという分け方ではなく、「叱られてもママのことが大好き、だってママは僕のことを考えてくれている」とどこかで子どもが感じ取ってくれている関係というのが、最高のママなのではないでしょうか？

17
生活リズムのつくり方

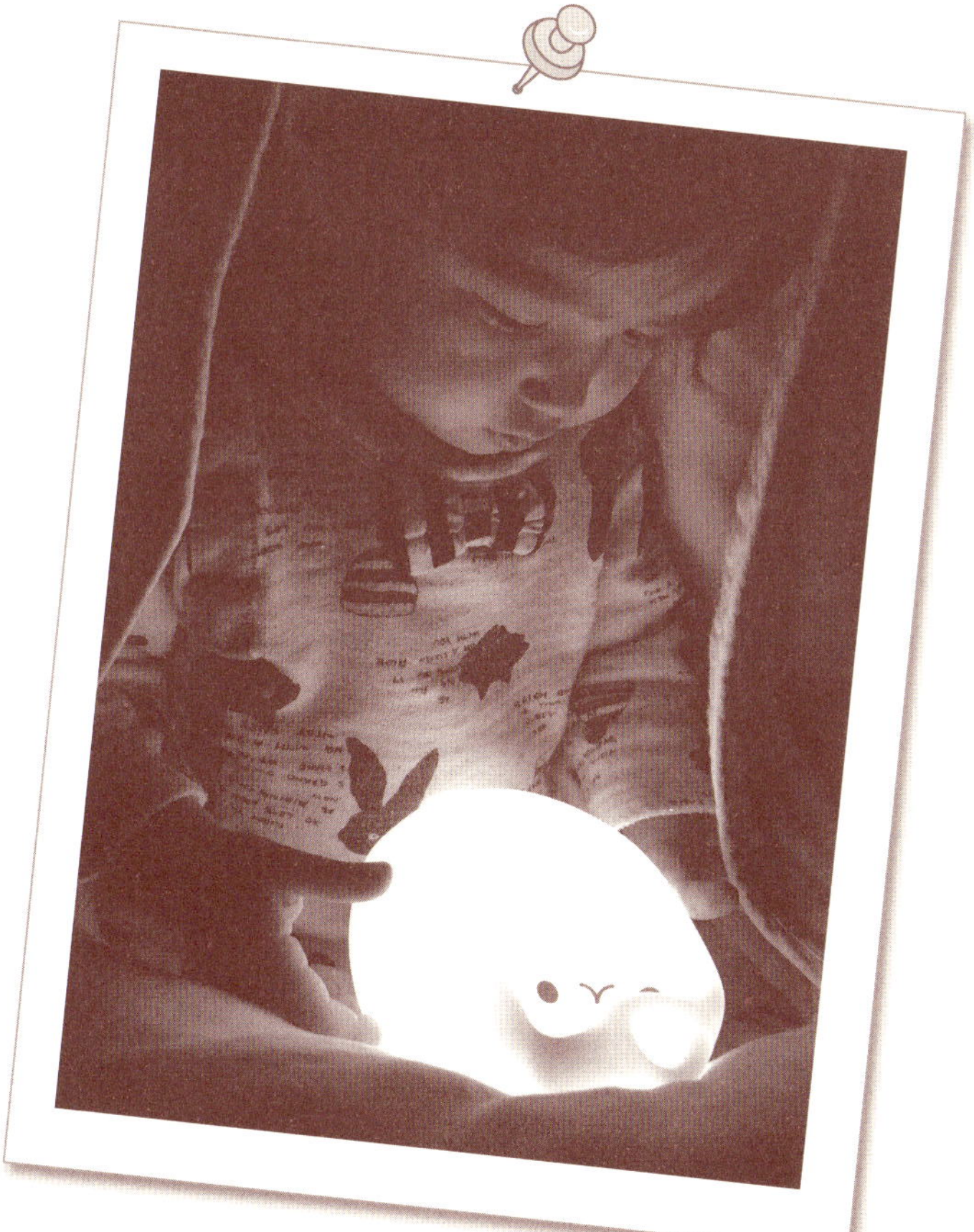

スイッチと調光を使い分けるママはすべてを制する

スイッチと調光

よく「やる気スイッチ」なんていう言葉を聞きますが、人には「やる気スイッチ」のように押してもらうとすぐにそのモードに入れる「スイッチ型」の事柄と、ゆるやかにしかモードに入ってゆけない「調光型」の事柄があるように思います。

「やる気スイッチ」のような事柄の多くは、片づけや勉強のように、子どもに自主的に何かをさせる際に有効的なものかもしれませんが、眠る、起きるなど、生活の中で日常的に行うルーティーン動作には、ゆるやかにいざなう調光のような段階をつくることがとても大切だと感じます。

人は大昔、朝日と共に目覚め、夕暮れから夜を迎え、静かに眠りへと誘われていました。ここで、覚えておいていただきたいのは、自然界の光の移ろいはとても穏やかで、なめらかだということです。

自然界に、スイッチのような０か１００かという、極端な光の変化はありません。

世の中がどんなに便利になっても、私たちの体が便利になったわけではありません。こうしたことを考えると、自然により近い存在である子どもたちの生活リズムをつくるのに、意識的に自然の移ろいを取り入れていくことはとても大事だと考えています。

夜の過ごし方

そこで私は夕方から夜にかけて灯とボリュームをゆるやかにトーンダウンしていくことを提案します。これは脳のクールダウンにもなります。

子どもが寝ないという話をよく耳にしますが、さっきまで煌々とついていた電気をパチッと消して「はい。寝なさい」と言ったりはしていないでしょうか？　大人はテレビ番組をつけっぱなしで、「子どもは寝なさい」と言ってはいないでしょうか？

部屋が明るいことが当たり前になっている私たちにとって、明るくないといけない理由はいろいろとあると思うのですが、夜の時間は、灯り、テレビや音楽のボリューム、遊びのトーンなど、さまざまなものを少しずつ小さくしていく努力をしましょう。
そうすることで、脳や体がスムーズにクールダウンされて、気持ちよく眠りに誘われていきます。

そもそも我が家では脳を活性化させてしまう蛍光灯は家の中につけていません。

柔らかい灯だけで過ごしているのですが、明るい部屋に慣れてしまっている人たちからは、「ちょっと暗くない?」と言われます。けれど、夜はそもそも暗いのが普通なので、我が家ではそのトーンを夜の表情として楽しむようにしています。


夕食後から眠るまでの間、家の中の灯りを順繰りに消していき、テレビなど音の出るものはつけていても通常の半分以下の音量に下げて、脳のクールダウンを始めます。

これらの光と音のクールダウンに温かな飲み物や、優しいトーンでの想像話などを組み合わせて、眠るまでのイントロダクションをつくっていきます。

こうしたことを習慣化していくことで、部屋の灯りの量を半分にするだけで「もうすぐ寝る時間なんだな」と子どもは理解するようになっていきます。

さらに準備できるようであれば、就寝時専用の、ベットの脇におけるような小さな手元灯り、照明を準備するのもとても効果的です。

普段はつけない星のような小さな灯りを暗くした部屋に灯して、お話をしながら眠りにつく。1日を包み込んでくれる、ママにとっても、子どもにとっても至福の時を、素敵な灯りで演出してみてください。

朝のスイッチを押していないですか？

さて、朝は1日のはじまり。気持ち良く目覚めたいですよね。

私は調光とスイッチの組み合わせで、子どもの朝を演出することにしています。

多くのママは「おはよう！　朝よ。起きなさい」と、調光というよりは、朝を告げるスイッチ型で朝を始めることが多いと思うのですが、スイッチを押す前に、眠りの世界から現実世界へ連れ戻してあげる必要があります。

朝一番に「起きなさい」と急にスイッチを押されると、頭や体がついていかず、ぐずったり、機嫌が悪くなったりするのは、子どもだけではないような気がします。

そこでまずは小さく音楽をかけたり、カーテンを全開にするのではなく少しだけ光を取り入れたりして、体が朝をゆるやかに感じられるシチュエーションをつくります。そうしている間に洗面をすませたり、朝ごはんの準備をしたりできるので、ママにとっても好都合です。

ちょうど準備が整うころ、子どもは半分、朝がきていることを音や雰囲気から感じているので、「朝ですよー」と忍び寄っても、怒ることはありません。

その後、子どもがしっかりと目を覚ました後、ここで朝のスイッチを押すために、我が家では「おはようのギュー」という、ハグをすることを習慣にしています。

このように、朝は必ずこれをするという習慣をつくっておく。このようなモードの切り替えで、今日という1日に、子どもを元気よく送り出してあげられるのです。ママも子どももハッピーに1日を始めることができる、「おはようのギュー」。お互いのエネルギーを充電して始まる1日は、とってもステキな1日になるでしょう。

18
楽しみセンサーを刺激しよう

ユーモアで耕し直そう大人の心

秘密のサイン

子どもは秘密とか、変わったこととか、特別なことがとても好きですよね。

実は私たち、大人も好きですよね？

また子どもは真似ることが得意なので、この二つの特徴をうまく使って、ママと子どもだけの秘密のサインを生活の中にいくつかつくっておくと、ワクワクする場面が増えていきます。

例えば子どもがミルクをボトルで飲んでいるとき、口がふさがっているので、しゃべるのは難しいですよね。また、遠くにいて、大きな声を出さなくては声が届かないようなとき、こうしたシチュエーションでも、声を出さずとも、「好きだよ」と伝えあうサインとして、両目をぎゅーとつぶるということを決めています。たったそれだけことなのですが、これがけっこう役にたちます。

例えば少し大きくなって、保育園のお遊戯会で、大勢の子どもと一緒にステージの上から、秘密のサインで「頑張って大好きだよ！」「頑張るね。大好きだよ！」と伝えあうことができたり、ママと子どものコミュニケーションの図り方は決して言葉だけではなく、こうしたことでさまざまな場面を楽しくしていきます。

ぜひ、ママとの絆を深める遊びとして、二人だけの秘密のサインをたくさんつくってみてください。

合言葉フレーズ効果★★★

秘密のサインに続き、家族だけの合言葉フレーズをつくる「フレーズ効果」をご紹介したいと思います。

合言葉は「山」と言われたら「川」のように、その言葉や音感で言われたら、次のフレーズをとっさに答えられる。そのようなものは世の中にいっぱいありますよね。

例えば「開けー」と言われたら「ゴマ」だったり。

こうした合言葉を家族でつくっておくことも、日常のさまざまな場面でとても役に経ちます。

例えば、我が家では、助け合わなくてはならないような場面になると、「Because We Are～」と私が言い、息子は「Team Family!!」と答えることをよくしています。

このフレーズはさまざまな場面で、使えるうえに、「一緒にやろう！　一緒に頑張ろう！」という思いにしてくれるフレーズにもなっているので、親子の一致団結に一役買っています。

また、私は子どもと二人っきりになるシチュエーションがあるときは必ず「これから、ママとレオちゃんのパーティータイム！　だね。イェーイ！」と言って、これから始まる二人きりの時間が楽しそうなものであることを印象づける「フレーズ」を発するようにしています。

もちろん、実際にパーティーをするわけではありませんが、これによってレオちゃんは、ママと二人で過ごす時間はいつも楽しいものという印象を持っているように思います。

今では、誰かを玄関まで見送ったり、別れたりする場面になると、これからママと二人になるということがわかるようで、「ママとレオちゃんのパーティータイムだね」と息子の方から言ってきます。

このように、フレーズやトーンを工夫することは子どもに気持ちの切り替えをさせるのに、とても有効的です。さまざまなシチュエーションにあったフレーズをたくさん考えて、二人だけの秘密のフレーズを使ってみてはいかがでしょうか。

角の神様

お部屋に「角」って、たくさんありますよね。

我が家では「角の神様」というネーミングで、廊下の曲がり角、部屋の隅っこなどに、小さな置物を置くようにしています。

ハッピー力をあげる方法の多くは、「暮らしの中に必要ではないかもしれないけれど、あったら面白いかも」というようなことを取り入れて、「楽しみセンサーを刺激していく」ものです。

家を低い目線で動き回っている子どもたちにとって、角の神様＝置物たちは、部屋ごとにある、楽しい目印。

ハイハイをし出したら、角から角へ歩いたり、その次は部屋から部屋を壁をつたって歩いたりするようになるので、子どもにとって目印となるようなものに遊び心を持たせるのは、なんだかとても良いことのように思います。

歩いている赤ちゃんに「パンダのところまで行ってごらん」というのと、「次の角まで行ってごらん」というのとでは、目に見えた目標が持てるので、赤ちゃんや子どものモチーベーションも変わってくるように思います。

少し大きくなってくると、玄関に置いてある角の神様である猫の置物に「行ってくるねー」とあいさつをしたり、「パンダの神様の部屋に置いてあるよ」などというように、会話をスムーズに進める手助けとなることがあります。

家の中のなんともない場所に目に見えた目標、目印となる存在を置くのは、生活に刺激を与えるのに、とても有効で、部屋の角っこという大人の意識があまりいかないところに置くことで、改めて子どもの目線や興味が、大人が思っている以上に細やかであることに気づかされ、とても興味深いです。

でも、「角の神様」のような、やることにさほど意味がなさそうなことをした方がいい本当の理由は、「変わっているけど、なんかいい」という、ユーモア溢れる、家族だけの風習をたくさんつくることで、家族全体のファミリー力、ハッピー力をあげられるからなんです。

皆さんの家にも変わったハウスルールありませんでしたか？

大人になっても忘れられない、妙な家族ルールって、ありませんか？

そうした、一風変わったハウスルールや刺激こそが、想い出となり、日々の生活の中で、楽しみセンサーの感度を上げてくれる、大きな役割を担っていると思うのです。

おもちゃはルーティーンで変える

家の中で時間を過ごすことが圧倒的に多い0歳〜3歳の時期。

お家にどんなにたくさんおもちゃがあっても、必ずおもちゃに飽きてしまって、集中して遊ばなくなってしまう時期があります。

そんなおもちゃへの「飽き」を解消するのが、1週間、2週間おきにおもちゃを半分しまうという作戦です。

余力があれば、部屋のレイアウトを少し変えることを挟むのもいいでしょう。

配置が変わることで動作や遊び方も変わることがあります。

大人にとっても、物を定期的に動かすことで、お部屋もきれいに保てるうえ、気分転換にもなるので、おもちゃをぜんぶ置いておくのではなく、定期的に組み合わせを変えて置いてあげることをオススメします。

あいさつに喜びを

よく、親が子に「あいさつしなさい」と言う光景を目にしますが、実はあいさつも、楽しいことだと教えてあげれば、子どもにとっては、「楽しいこと」になり、「言われているから面倒だけどしよう」という感じではなくなります。

子どもは自分の行動によって、ママや周りの人が喜ぶことが本当に好きです。私はお客様をお見送りするときや、子どもが誰かとあいさつを交わすことがあるたびに、「レオちゃん『こんにちは』って言ったら、みんな喜んで笑ってたねー」「ママもすごい嬉しかったよ」というように、彼のあいさつによって、たくさんの人が幸せに感じたのだということを毎回伝えるようにしています。

また、あいさつは「こんにちは」や「さようなら」という言葉だけでなく、動作を伴うことによって、楽しいものに変化します。我が家のレオちゃんは「さようなら」

を言うときは投げキッス。家に来客があるときは、エレベーターホールまで迎えに行って、部屋まで「どうぞ」とエスコートをすることが定例化しています。

子どもにやってほしいなと思うことを教える、伝えるときには、彼らの楽しみセンサーを刺激するような、ちょっとした工夫が必要です。そのためには、私たち大人の固くなった頭に、ユーモアのセンスを取り戻す必要がありそうですね。

19
できる子には理由がある

工夫はママの想像力
ママの想像力が
想像力豊かな子を生む

違った動作を必要とする環境づくり

子どものおもちゃをどんなふうに片づけていますか？

大きなおもちゃ入れを一つつくって、そこにひとまとめに入れているという方、これは残念ながら、子どもの成長を考えたら、あまりいいものとは言えないでしょう。

おもちゃはここに入れておけばいいという大きな入れ物があれば、片づけも簡単ですし、すぐに綺麗になるので、ママにとっては便利かもしれません。しかし、片づけ方、物のしまい方ひとつで、子どもの成長は大きく変わります。

0歳から3歳までの間の成長は著しいので、成長にあわせた配置や、収納の仕方を考えてあげましょう。心がけてほしいのは、子どもがおもちゃを「出す」「しまう」ときに、違う動作をする必要がある収納方法です。

例えば、上から「入れる」箱。

蓋を上に「開ける」箱。
蓋を「回す」缶。
引き出しを「引く」棚。
綺麗に「並べる」見せる収納。
壁に「かける」収納。

これだけでも、投げて入れるだけでなく、開ける、回す、引く、並べる、掛ける、という違った動作を学べることになります。そして動作を学ぶと同時にその言葉も学んでいけるのです。

違った動作を伴う収納方法を工夫することは、効率よく、多くのことを家の中で学べる環境づくりになります。

グループ分けで学ぶ

収納されるおもちゃのカテゴライズを一工夫すると、効率よくさまざまなことを学んでいけます。

例えば、小さなうちは「固い」「やわらかい」などの、触り心地の印象でグループ分けをすることで、「固いもの」「柔らかいもの」への理解を早い段階で教えることができます。

この「固い」「やわらかい」を小さなうちに覚えることは、暮らしの中で意外と重要なことです。

なぜなら、赤ちゃんにとっては、物を振り回すことでさえ、体を動かす練習ですが、ぬいぐるみはいいけれど、積み木は危ないという違いは、赤ちゃんにはわかりません。

そんなとき、「固いもの」という概念を知っている子には、「固いのは危ないからダメよ。柔らかいのにしようね」と教えてあげることができます。

ボールや積み木のように、見た目でグループ分けしやすいものは、そのようにしてかまいません。

絶対にやらない方がいいのは、すでにお伝えしている通り、雑多なおもちゃをぜんぶ一緒に一つの入れ物にしまうということです。

ママも子どもも楽チンに片づけができるかもしれませんが、おもちゃの居場所をちゃんとつくってあげることで、子どもは片づけを通してたくさんのことを学んでいくだけでなく、物を大切にするようになっていきます。

我が家では、息子が特に大事にしている車や電車は、眺めても楽しめるようにディスプレイできる定位置をつくってあげています。

そうすることで、箱の中に入れてしまうよりも、子どもはそのおもちゃを大事にするようになります。

物には所定の位置があるということを教えてあげると、使ったら戻すということも上手にできるようになっていくので、ママを助けてくれる、お片づけ上手な子に育っていきます。ぜひ、おもちゃのグループ分けを工夫してみてください。

アルバムは世界にたった一つの本★★★

子ども自身が写っているアルバムは、「こんなことやったね」「あんなとこ行ったね」と絵本を読んであげるように一緒に話をすることができる、子どもにとって、最高の読み聞かせ本になります。

主人公は自分。知っている顔が登場するアルバム絵本の世界は、容易にその中に感情移入して入り込むことができます。

人は過去の経験や体験を回想することで、未来を想像するスキルを磨いているのだと思います。たくさんの体験を回想すればするほど、未来にたくさんの楽しいことが待っていると想像できるようになるのではないでしょうか。

子どもにとって、気持ちをコミットしやすい、アルバム絵本は、どんな教材よりも学びに溢れています。「心を育てる」ツールとしても、最高の教材になりえますが、「家族で一緒に何かをした」や「僕は、私は、こんなふうにこれを成し遂げた」など、子どもなりに自分の成長を目からわかりやすく見ることのできる写真は、想像力を培ったり、自信をつけたりという、心を耕す作業にとても有効です。

アルバムだけでなく、写真を壁に貼って、日々それを眺めながら子どもと話をするのもいいと思います。過ごしてきた時間の話も一緒にたくさんして、心や言葉を豊かにしていってください。

20
テンション

子どもは感度の鋭いアンテナ

周波数

感じる力が強い子どもは、すぐにテンションが上がったり下がったりします。

一緒にいる相手や場所の空気に影響されやすいのも特徴です。

私たちにもしもアンテナがあるとしたら、子どもは一緒にいる相手の出している周波数に自分の周波数を合わせていくのが得意であるがゆえに、引っ張られやすいという特徴があるように思います。

動物などもそうなのですが、一緒にいる相手によって、彼らのテンション、振る舞いは変わります。

子ども好きの親戚や友人が訪ねてきて、子どもを楽しませようと、「高い高い」をしたり、背中に乗せたり、追いかけっこをしたりと、子どもが喜ぶであろうことのオンパレードで遊ぶと、決まって子どものテンションが上がり、騒ぎすぎてしまったり、注意力がなくなって、遊んでいても危ない状況になったりします。

こんなとき、状況をクールダウンさせるのに「いい加減にしなさい！」と声をかけるのを、子どもではなく相手をしている大人にすると、効果てきめんだということ、知っていますか？

こうした状況のほとんどは、相手をしている大人が子どものテンションを引き上げてしまっているために起こっています。

せっかく遊んでくれている親戚や友人に、そんなふうに声をかけづらいかもしれませんが、子どもを落ち着かせるには、子どもを叱るよりも、テンションが上がっている理由を指摘する方が効果があることを知っているだけで、未然に防げることが多くなります。

誰がリーダーかはっきりさせましょう

あまり良い言葉ではありませんが、子どもになめられては、いけません。

親子の関係であっても、チーム「ファミリー」の中で誰がリーダーであるかをはっきりとさせておくことは、お互いに安心感を持つことにつながります。

信頼できるリーダーには、子どもも安心してついていけるわけですが、人前と家とで言っていることや態度が変わるママを、果たして子どもは信頼できるでしょうか？

子どもは感じる力が強いので、直感的にその場の空気からさまざまなことを感じています。

家の中と違う状況になると、いつも家ではしないようなことをしてみたり、いつもはできることができなくなったりするのも、さまざまなことに影響されやすいがゆえにです。

そんなとき、ついつい周りの目を気にして、いつものようには振る舞えないというママが多いと思うのですが、守らなくてはいけないルールやマナーは、家の中でも、外でも同じです。

ママが堂々とした態度で、普段と同じように接しなくては、子どもは誰がリーダーなのか、わからなくなってしまいます。

想像してみてください。マナーの良い静かな犬の飼い主さんは、たくさん犬を叱るわけでも、指示を出すわけでもないことが多くないでしょうか？

これは初期の段階で、飼い主を信頼する関係を築けているからだと思うんです。

ブリーダーをやっていたことをお話ししましたが、我が家では現在も犬を飼っています。その犬は犬嫌いの人も驚くほど、静かで賢い犬なのですが、初めて我が家に来たときは、牙をむき出しにして吠える不安に怯える怖い犬でした。

子どももある意味、同じだと育児を通して思うことが多く、その時々に犬たちとどのように心の距離を縮めていったか、思い出します。

ママの心の迷いや不安は子どもにはすぐに伝わるもの。適切な場面でタイミングよく注意をすることはとても大切です。

子どもは叱られても、ママが怒っている理由がはっきりとわかっていれば、きちんと理解できる素養を持っています。

叱られる＝自分のことを見てくれていると思える伝え方をいつも心がけていれば、必ず子どもは理解してくれます。

おわりに

子どもの数だけ個性があるように、子どもの数だけ育て方があります。ですから、私が本書でお伝えした育て方が必ずしもお子様に合うかは、わかりません。

けれど、ハッピー力をあげる育児は子どもだけをハッピーにしていくものではなく、ママやパパも含めたファミリー全体をハッピーにしていこうというアイディアが詰まっている。このことはぜひ、心にとめておいてほしいと思います。

子育ては、自分がもう一度学び、成長できるチャンスです。

子どもとのかかわりあいの中から教えられることは数知れず。相手にどう伝えたらいいか、どのように言ったらわかり合えるのかなど、基本的にコミュニケーション力に基づくことばかりです。すなわち、我々が社会で生きていくのに必要不可欠なものばかりです。

子どもを育てるということに恵まれた機会を、ただの「育児」の時間としてしまうか、「一緒に成長する」時間とするかは、それを担う大人次第です。

勉強ができる、点数が良いというように、目に見えることで評価されてしまいがちな世の中で、目には見えないものを育てることの重要性に、大人が気づくことができれば、伸びやかで楽しい、希望に満ちた未来を描ける子どもがもっと多く育つはずです。

そして、そんな希望に満ちた子どもたちこそが、世の中を良い方向に導いていってくれるのだと思います。

成績が悪くても、「こんにちは」と「さようなら」のあいさつが、笑顔でニッコリとできることが「大切だ」と感覚的に思えることはとても大切です。

勉強のように、答えのあるものは、その気になれば誰でも答えを導き出す方法を学べます。

けれど、「目には見えないものを育てる」、つまり、ハッピー力のあげ方や、コミュニケーション力のあげ方は、日々の生活の中から感覚として学んでいくことしかできません。

特に小さな子どもがそうしたことを学んでいくには、この本でお伝えしてきたように、私たち大人のかかわり方が鍵を握ります。

育児は、大人がもう一度、子どもと一緒に多くのことを学び直すことのできる絶好のチャンスです。トーンの使い分け、言葉の選び方、意見をするタイミングなど、相手の目線になって考える想像力は、子どもよりも、実は、大人にこそ必要なことのように思います。

人生に起こるさまざまな出来事を乗り越えていけるかは、その人自身の中にある、ハッピー力次第です。

一緒にいると楽しい、笑顔がキラキラしている子ども。そんなふうに周りを元気にしてくれる子が、一人でも多く増えたら、幸せの連鎖が世界中で回り出すでしょう。

人生は1度きり。その1度きりのチャンスをハッピーでラッキーだと感じながら生きる力が、私たちの中には本当は備わっていることを忘れないでください。

そして、その力＝ハッピー力を大人になっても耕し、育て続けることを忘れないでください。

KOKIA

愛という樹があるならば
大事に育てていくでしょう
子どもはそんな樹なのでしょう

ママの大事なレオナルドへ

あなたはいつか忘れてしまうかもしれない。

ママが一生、ハッピーでいられるだけ、毎日ママに「ママ大好き」と伝えてくれたこと。

どんな未来が待っているか、ワクワクするわ。

どんな未来でもあなたとの未来だから、ワクワクが止まらない。

ママのところへきてくれて、ありがとう。

著者紹介

KOKIA（コキア）

アーティスト（シンガーソングライター）。

９８年にデビューして以来、国内外で活躍。

国内ではシャンプーの CM ソング「The Power of Smile」、アテネオリンピック日本代表選手団公式応援ソング「夢がチカラ」などのヒットを放つ。 またオリジナル作品以外にも、CM 音楽、アニメ主題歌、ゲーム主題歌、他アーティストのプロデュース等の作品も数多く手掛けている。

メディアでの露出を控えた活動スタイルにもかかわらず、根強いファンは世界中に多く、変幻自在な歌声は「ボーダーレスな歌声」としてヨーロッパや中国でも支持され、活動の場を世界に広げている。

そんな実力派シンガーとしての側面以外に、母となってからは、子どもたちが親しめる音楽プロジェクトとして「ton ton tonプロジェクト」を立ち上げる。「どうぶつ」や「いきもの」をモチーフに、豊かな音世界で描かれた曲は、大人も子どもも楽しめる、心を育む音楽として、新たな人気を得ている。また、同プロジェクトで音楽のモチーフとなる動物たちの絵を自ら描き、マルチな才能を見せた。

シンプルで人生の大事な場面に寄り添う音楽を作ることを心がけている彼女の歌は、多くの人に音楽を通して「love & peace」を問いかけている。

ハッピー力《りょく》
親子《おやこ》の「ハッピー」を育《そだ》てる

〈検印省略〉

2019年　5 月 30 日　第　1　刷発行

著　者―― KOKIA（コキア）
発行者――佐藤 和夫

発行所――株式会社あさ出版
〒171-0022 東京都豊島区南池袋 2-9-9 第一池袋ホワイトビル 6F
電　話　03 (3983) 3225 (販売)
　　　　03 (3983) 3227 (編集)
F A X　03 (3983) 3226
U R L　http://www.asa21.com/
E-mail　info@asa21.com
振　替　00160-1-720619

印刷・製本　神谷印刷(株)

乱丁本・落丁本はお取替え致します。

facebook　http://www.facebook.com/asapublishing
twitter　http://twitter.com/asapublishing

ISBN978-4-86667-142-0 C0037